低薪困境

[日]宫本弘晓 ◎著　周全 ◎译

51のデータが明かす
日本経済の構造

中国科学技术出版社
·北京·

51 NO DATA GA AKASU NIHON KEIZAI NO KOUZO by Hiroaki MIYAMOTO,
ISBN：9784569853246
Copyright © 2022 by Hiroaki MIYAMOTO
First original Japanese edition published by PHP Institute, Inc., Japan.
Simplified Chinese translation rights arranged with PHP Institute, Inc.
through Shanghai To-Asia Culture Co., Ltd.
Simplified Chinese translation copyright © 2024 by China Science and Technology Press Co., Ltd.
All rights reserved.
北京市版权局著作权合同登记　图字：01-2023-5239

图书在版编目（CIP）数据

低薪困境 /（日）宫本弘晓著；周全译. -- 北京：
中国科学技术出版社, 2024. 11. -- ISBN 978-7-5236
-0924-8
Ⅰ. F131.3
中国国家版本馆 CIP 数据核字第 2024A9A746 号

策划编辑	杜凡如　王碧玉	责任编辑	童媛媛
封面设计	仙境设计	版式设计	蚂蚁设计
责任校对	吕传新	责任印制	李晓霖

出　　版	中国科学技术出版社
发　　行	中国科学技术出版社有限公司
地　　址	北京市海淀区中关村南大街 16 号
邮　　编	100081
发行电话	010-62173865
传　　真	010-62173081
网　　址	http://www.cspbooks.com.cn

开　　本	787mm×1092mm　1/32
字　　数	108 千字
印　　张	7.5
版　　次	2024 年 11 月第 1 版
印　　次	2024 年 11 月第 1 次印刷
印　　刷	大厂回族自治县彩虹印刷有限公司
书　　号	ISBN 978-7-5236-0924-8 / F・1285
定　　价	59.00 元

（凡购买本社图书，如有缺页、倒页、脱页者，本社销售中心负责调换）

前言

日本"高物价、低薪资"的根本原因何在？

如今，历史性的高物价正席卷全球。2021年，美国物价急剧上涨，到2022年6月，通货膨胀率达到了近40年来最高的9.1%[1]；随后，尽管通货膨胀率有所下降，但截至同年8月，仍维持在8.3%的高位。欧洲各国的通货膨胀水平也在加剧，到2022年8月，欧元区的通货膨胀率达到了9.1%，创下历史新高；英国更是在同年7月达到10.1%，刷新了自1982年以来的最高纪录[2]。国际货币基金组织（IMF）预测，2022年发达国家的通货膨胀率将达到6.6%[3]。

---

[1] 居民消费价格指数、综合指数的同比数据。

[2] 根据撰写本书时（2022年9月26日）的最新数据，英国的通货膨胀率于2022年8月回落至9.9%。这是该国自2021年9月以来首次出现增长率放缓的情况。

[3] IMF《世界经济展望报告》（2022年7月修订版）。

低薪困境

西方国家通货膨胀加剧,背后的原因有两个:一是在全球经济重启的大背景下,过去几年来一直被压抑的消费需求急剧增加,造成供不应求的状态;二是俄乌冲突引发大宗商品及原油、天然气等能源价格暴涨。

日本国内的物价也在逐渐上涨。2022年4月的物价指数❶上升了2.5%,7年来首次超过日本银行❷设定的2%通货膨胀率的目标。随后,通货膨胀率继续攀升,到同年8月,达到了3.0%。然而,即便如此,日本的通货膨胀率还是远低于欧美各国。

不过,日本的通货膨胀率比欧美国家更低的现象并不是最近才出现的。长期以来,日本的通货膨胀水平始终低于欧美各国。

回顾过去20年,日本的物价近乎"零增长";在其

---

❶ 物价指数是衡量市场上物价总水平变动情况的指数。物价总水平上升则意味着通货膨胀,反之,物价总水平下降意味着通货紧缩。——译者注
❷ 日本银行,简称日银,是日本的中央银行,依据日本银行法为财务省主管的认可法人。——译者注

他发达国家，通货膨胀率则一直保持在 2% 左右。这 20 年来，日本的商品和服务价格几乎没有上涨；与此同时，国外的物价却涨了将近 1.5 倍。

保持"零增长"的不只是物价，日本的薪资水平在过去 25 年间也一直处于停滞不前的状态。相较于日本，美国和英国的薪资水平大约是原来的 1.4 倍，德国则大约是 1.2 倍。这就意味着，由于其他发达国家的物价和薪资都经历了上涨，而日本的物价和薪资依然维持原状，因此相对而言，日本的物价、薪资水平都变得更低了。

过去 25 年来，国外的薪资水平不断提升，而日本仍在"原地踏步"——这一事实象征着日本的竞争力正在减弱。从经常用于衡量国民经济状况的人均名义国内生产总值（GDP nominal per capita）数据来看，日本的人均收入水平直到 21 世纪初都一直居于世界前列，甚至一度超越美国；然而好景不长，此后日本的人均名义 GDP 排名不断下跌，于 2021 年降至世界第 28 位。

日本经济为何如此一蹶不振呢？为了找出这个问题的答案，本书引用了 51 种具有代表性的国际统计数据（图表），试图阐明日本经济的结构。结果发现，日本的经济结构具有独一无二的特殊性。一言以蔽之，它是一种"不成熟的资本主义"。

● 日本经济停滞不前的关键原因在于它是一种"不成熟的资本主义"

近年来，我们经常能够听到"后资本主义"和"资本主义的末日"这两个词。全世界关于重新审视资本主义的呼声越来越高。20 世纪 80 年代，强调资本主义自由市场、支持自由贸易竞争的"新自由主义"思想兴起，基于这一思想制定的经济政策为经济发展做出了巨大贡献。然而与此同时，它也引发了诸多弊端，如国民收入差距增大、贫困加剧、地球环境遭到破坏等。因此，越来越多的人开始重新审视这一思想。

时任日本首相岸田文雄提倡打造"新资本主义"，并推行了一系列相关的经济政策。2022年1月,岸田文雄同美国总统拜登进行了线上会谈。会谈中,他介绍了为解决收入差异和气候变化等问题而提出的"新资本主义"构想。拜登对此深感赞同,并表示:"这不正是我的竞选宣言吗!"❶

在美国,财富集中掌握在少数富人阶层手里,贫富差距日益增大,致使社会动荡显著,政治隔阂不断加深。对于致力于消除社会分裂、重新团结美国民众的拜登政府而言,缩小贫富差异是其政府部门工作的重中之重。因此,我们也就不难理解拜登为何会对岸田文雄提出的"新资本主义"构想表示赞同了。

实际上有学者认为,贫富差距过大会对经济、社会造成不良影响,政府出台举措缩小贫富差距十分必要❷。

---

❶ 日本经济报《"新资本主义"获拜登支持:这是我的竞选宣言!》,2022年1月22日。

❷ 美联储认为解决收入差异问题不仅能使社会变得更加公平,而且可以增强经济的韧性。此外,根据国际货币基金组织的调查报告,采取适度的财富分配政策,不仅不会对经济产生负面影响,反而可能起到积极作用。

不过，贫富差距增大在某种意义上也可以被看作资本主义制度有效发挥作用的结果，是经济增长的证明。

那么，日本的情况又如何呢？事实上，从统计数据来看，过去 20 年间，日本社会的贫富差异并没有那么大；国民收入整体低迷，举国上下陷入了一种"共同贫困"的状态。

图 0-1 展示了世界主要发达国家居民可支配收入的基尼系数的变动历程。基尼系数是衡量居民年收入差距的代表性指标。它是比例数值，在 0~1 之间，数字越接近 0，表示收入分配越趋向公平。从 1995—2018 年基尼系数的变化来看，图 0-1 中，除日本的基尼系数变化曲线比较平缓外，其余各个国家的基尼系数均呈上升趋势，而这就说明，日本的国民收入差距并没有明显扩大[1]。

---

[1] 基尼系数分为"初次分配基尼系数"和"再分配基尼系数"。前者体现的是通过实际劳动报酬所得收入的差距，后者体现的是考虑了纳税、缴纳社保等情况后实际到手收入的差距。日本的初次分配基尼系数自 1980 年以后持续走高，而再分配基尼系数在过去 20 年间基本持平，近年来更是有下降趋势。

前言

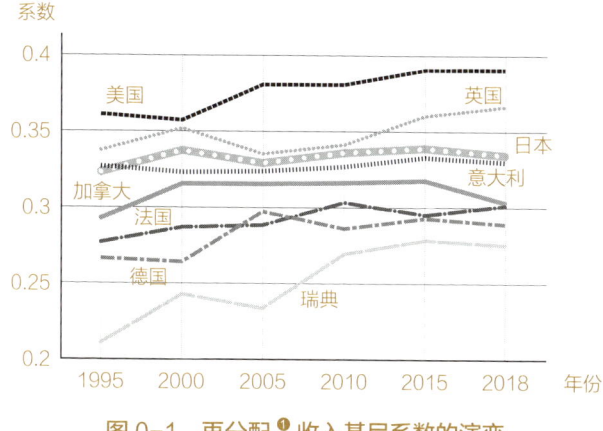

图 0-1 再分配❶收入基尼系数的演变

资料来源：OECD❷。

不仅如此，根据厚生劳动省❸发布的《国民生活基础调查》报告，2018年日本民众的平均收入为552万日元，与1998年的655万日元相比，下降了100多

---

❶ 指通过税收、慈善、社会福利、公共服务、土地改革等手段将收入和财富从某些个人手中转移到其他人手中。这一术语尤指经济体层面而非特定个人间的再分配。——译者注

❷ 经济合作与发展组织（Organization for Economic Cooperation and Development，OECD），简称经合组织，是全球38个市场经济国家组成的政府间国际组织，总部设在法国巴黎犬舍城堡。——译者注

❸ 日本中央省厅之一，相当于他国福利部、卫生部及劳动部的综合体。——译者注

低薪困境

万日元。

表0-1把日本和美国居民人口按家庭年收入额从低到高的顺序分为了5个阶层,对比了1995—2018年两国单户家庭的平均年收入。从表中数据可以看出,日本各阶层居民的年收入都减少了一至两成。而美国各个阶层的年收入均有大幅度增加。年收入最少的阶层涨幅为42%,年收入最高的阶层涨幅甚至达到了58%,收入差距明显扩大。不过,即便如此,美国每个阶层的年收入也都是呈上升趋势,这一点跟日本的情况可谓天差地别。

表0-1 日本和美国居民年收入变化的比较

日本(万日元)					
项目	第Ⅰ	第Ⅱ	第Ⅲ	第Ⅳ	第Ⅴ
1995年	163.1	364.0	555.4	792.3	1423.2
2018年	125.2	277.9	441.1	667.7	1249.8
变化率	↓23%	↓24%	↓21%	↓16%	↓12%

美国(千美元)					
项目	第Ⅰ	第Ⅱ	第Ⅲ	第Ⅳ	第Ⅴ
1995年	11.1	29.4	50.3	77.3	204.8

续表

美国(千美元)					
项目	第Ⅰ	第Ⅱ	第Ⅲ	第Ⅳ	第Ⅴ
2019年	15.8	35.7	59.0	96.8	324.1
变化率	↑42%	↑21%	↑17%	↑25%	↑58%

注 表中数据为单户家庭的平均年收入。

资料来源：厚生劳动省《国民生活基础调查》、FRB[1]《Survey of Consumer Finances》。

对国民收入差距日益扩大的美国而言，财富分配政策至关重要；相对来说财富分配较欧美国家更为公平的日本，却并未把分配政策放在首位。另外，谈分配，必然需要本钱。也就是说，首先必须保证经济是正增长的。如今，日本要做的只有一件事，那就是让过去30年来凋敝的经济起死回生，重新回到发展轨道上。

为此，日本要踏踏实实下好资本主义这盘棋，让市

---

[1] 美国联邦储备委员会，简称美联储（Federal Reserve Board，FRB），是美国联邦储备系统的核心管理机构，其办公地点位于美国华盛顿特区。——译者注

场竞争"活"起来。经济学家约翰·梅纳德·凯恩斯❶曾说过:"失去兽性,资本主义必将走向衰退。"兽性的源泉——竞争,正是当今日本所缺乏的。

缺乏竞争的一大原因在于政府采取的政策不当。日本以往推行的经济政策,如地方金融、中小企业扶持政策等,都具有迟滞新陈代谢、阻碍市场竞争的弊端。此外,近年来实施的大规模金融缓和政策和大型财政支援更是导致经济环境"温和化",造成本来因生产力不足而无法在市场上生存的企业也可以继续存活的局面。

日本经济要想从这种闭塞状态当中跳脱出来,必须保证市场的新陈代谢正常进行,即让生产力高的企业进来,生产力低的企业出去。"新资本主义"固然重要,但眼下的当务之急应该是让"本来的资本主义"发挥它该有的功效,让经济市场真刀真枪地竞争起来。

---

❶ 约翰·梅纳德·凯恩斯,英国经济学家,主张政府应积极扮演经济舵手的角色,透过财政与货币政策来对抗经济衰退乃至于经济萧条。——译者注

● 让资本主义制度发挥功效需要怎么做？

那么，如何才能让资本主义制度发挥它该有的功效，使国内整体薪资水平得到提升，令日本经济重获新生呢？我认为，日本应该把重点放在"劳动力市场的变革"上。

影响薪资水平的因素有很多，我们无法单凭其中某一点来合理解释日本的低薪资现象，但有两个因素是起主要作用的：一是劳动生产率低迷，二是日本劳动力市场没能发挥它该有的作用。

企业提薪与否，是一种经营判断，其根本在于对生产率和经济形势的预测。要想提高薪资，则生产率必须有所进步，国民经济必须取得一定增长。

那么，如何才能提高劳动生产率、推动经济增长呢？影响劳动生产率的因素包括劳动者拥有的技能和经验等"人力资本质量"、机械设备等"物质资本质量"，以及企业的经营方式、劳动模式和用人惯例等，这些都会在后文中作详细说明。

低薪困境

日本不仅产业数字化落后，企业对人力资本的投资也不足，这就导致物质资本和人力资本两方面的质量都很低下，结果就是生产率提升不起来。然而，造成这一局面，绝非广大劳动者的个人责任。因为，是否对员工开展教育和培训，是否进行产业数字化投资，这些都取决于企业采取何种经营方式；真正对生产率产生重大影响的，是企业做出的经营判断——更确切地说，要看经营者的个人能力。

当此外部经济环境严峻、未来发展前景暗淡之时，把利润牢牢抓在手里积累留存收益，"开慢车、走稳路"的做法，对企业而言，或许不失为一种合理的选择。但是，作为经营者，不管身处怎样恶劣的环境，都应当要能做出正确判断，带领企业走出困境。日本的劳动生产率之所以低下，其背后难保不是因为日本企业的经营判断和经营战略出了问题。

除了企业经营方面的不足，劳动力市场的不良现状也是造成日本生产率低落、竞争力弱化的一大原因。要想增强竞争力、提高生产率，就必须让经济的新陈代谢变得活跃起来；若要实现这一点，一个"流动的"劳动力市场就显得至关重要。

不管在任何时代，参与经济活动的产业和企业都必然分为两种：成长的和衰退的。能否把劳动力、资本和资金从"衰退区"平稳转移到"成长区"，是影响经济发展的一大关键。如果劳动力市场是流动的，那么劳动力资源就能顺利得到分配，从而实现高生产率。有实际数据表明，劳动力市场的流动性有助于提高该经济系统中的生产力。

一个流动的劳动力市场所能带来的不仅仅是生产力的提高，它还能给劳动者个人带来巨大好处。

很多人担心，一旦劳动力市场流动起来，将会使雇佣关系变得不稳定——事实正好相反。在高度流动的劳动力市场中，个人可以根据自己的生活方式自由地改变工作模式，这对劳动者来说，具有重大积极意义。

一个高度流动的劳动力市场，并不只是劳动力资源的移动更加活跃那么简单，它还意味着这个市场里的劳动者拥有充分的移动自由。每个个体都能自由地选择符合自身实际情况和价值观的工作方式和生活方式，这样的劳动力市场就是流动的或也可以称之为"活跃的"。现在的日本劳动力市场过于死板，劳动者的工作方式和生活方式都十分受拘束。

面对外部环境日新月异的变化，日本经济却不思进取，不进行自我革新；日本企业一味依赖以廉价的非正式员工和技能实习生为代表的外国廉价劳动力，并对产业数字化等必要的投资不屑一顾。于是最终导致了生产力的低下，日本经济也因此经历了 30 年的持续衰落。日本国内的薪资水平在长达 25 年的时间里几乎一成不变，就是这一恶果的充分体现。

要想从这种闭塞状态中跳脱出来，日本必须提高劳动力市场的流动性，保证市场的新陈代谢正常进行，即让生产力高的企业进来、生产力低的企业出去。日本的劳动力市场因为某些特殊用人惯例的存在，使得市场本身的机制没能有效发挥作用，而这样的现象并不仅限于劳动力市场。日本的资本主义是"不彻底"的资本主义，日本经济市场中的竞争算不上"真刀真枪"的竞争。

如今，我们真正要做的只有一件事，那就是扭转日本经济长期以来的颓势，让本国经济重振雄风。要想日本经济摆脱现在的闭塞状态，就必须打造一个充满竞争的市场环境，其中具有代表性的手段就是提高劳动力市场的流动性；在此基础上，帮助企业提高其产值。

● 本书结构

最后，笔者将对本书的结构组成进行说明。本书的基本原则是基于各类统计数据阐明日本经济的结构，按照"物价""薪资""企业经营与劳动力"的顺序逐一剖析。

第一章，以物价为切入点，介绍近年来全世界范围内的通货膨胀情况以及各国采取的应对措施，会对比日本与其他发达国家的差距，客观展示日本经济的实力变得多么低下。

第二章，从薪资的角度解读日本经济的现状。正如

¥ 低薪困境

我在前文中不断强调的那样，日本的薪资水平这些年来几乎毫无增长，在所有发达国家的行列中，可以说是"吊车尾"的存在。究其原因，主要有四点。我将从这四点因素出发，寻找治疗"薪资不振"的药方。

第三章，谈谈与影响薪资水平的劳动生产率有直接关系的企业经营（企业行为）和劳动力（用人惯例）这两点。先说结论：数据显示，日本企业对人力资产和实物资产的投资都低到了极点。换言之，他们不愿意把钱花在"人"和"物"上。为此，我将提供一些必要的措施，来帮这类企业"端正态度"。

第四章，将针对如何让日本从前述的"不成熟的资本主义"中逃脱出来这一问题提出可行的建议。日本要想打破经济的闭塞状态，必须提高经济的新陈代谢。有望实现这一点的具体做法就是加强劳动力市场的流动性，对此我将展开详细论述。此外，日本还有很多其他领域也蕴藏着重振经济的可能性。其中，我主要想讨论两个领域：一是乡村振兴的关键——"农业"；二是作为最高国家战略的"教育"。

本书中论述的改革方案，实行起来绝非易事，必然会伴随着痛楚。这就好比一个人生病了，要开刀动手术，岂有不流血之理？可是，日本在过去的 30 年里，不去考虑"动手术"拔除病根，却一味地靠"吃止痛药"来缓解症状，可谓治标不治本。现今，我们必须要痛定思痛，破除旧观念、旧思想，把日本经济的颓势扭转过来，让它重新回到发展轨道上。日本尚未走到穷途末路，仍有一搏之力，完全可能创造出一个充满希望的光明未来。

如果本书能为各位读者加深对现状的理解、思考今后的日本经济起到一定的启发作用的话，我将不胜荣幸。

本书在执笔过程中得到了许多人士的帮助，在此向他们表示郑重的感谢。特别是我的恩师岛田晴雄先生（庆应义塾大学名誉教授），正是老师与我的无数次讨论和争辩造就了本书。谨记于此，以表衷心谢意。此外，继前作之后，PHP 研究所的宫胁崇广先生再一次从策划、编辑到出版，全方位地为我提供了无微不至的帮助。谨记于此，以表感谢。

最后,我想衷心地感谢我最爱的家人。正因为有了他们的支持,本书才得以问世。

宫本弘晓
2022 年 9 月

目录

第一章
物价——"30 年一遇的高物价"意味着什么？ 001

蔓延全球的通货膨胀、停不下来的日元贬值 003
何谓通货膨胀？ 006
良性通货膨胀、恶性通货膨胀 008
要搞清楚通货膨胀是"可预料的"还是"不可预料的" 011
步步逼近的"停滞性通货膨胀" 014
历史转折点——新冠疫情与俄乌冲突 016
新型通货膨胀登场——绿色通货膨胀 021
美国金融政策"大转向" 024
全球加息高歌猛进，日本呢？ 029
全世界唯一"按兵不动"的日本银行 032
日元快速贬值的原因何在？ 034
日元贬值是好事还是坏事？ 037
日元实力倒退五十年 040

从一碗"2000多日元的拉面"看日美两国物价差距 **042**
统计数据讲述的"日本经济衰落史" **049**

第二章
薪资——日本的工资水平是"全球吊车尾" 057

物价低真的幸福吗？ **059**
全世界只有日本的工资这么"不争气" **060**
日本工资水平的变化 **063**
实际薪资与薪资增长率 **068**
决定薪资水平的"四大要素"是什么？ **071**
  1. 劳动力市场的供需情况 **072**
  2. 劳动生产率 **077**
  3. 劳动力市场的结构——就业结构 **080**
  4. 物价——通货膨胀率 **085**
日本应该提高非正式员工的薪资水平 **087**

目录

③ 第三章
企业经营与劳动力——不愿意把钱花在"人"和"物"上的国家　093

改革的关键是向"日本式用人惯例"下刀　095
日本的劳动生产率在经合组织38个成员国中排名23　096
劳动生产率何以低迷？　103
不把钱投资在"人"身上，所以生产率上不去　106
教育方面也不容乐观　111
数字化步伐迟缓招致经济停滞　117
日本企业过于保守以致故步自封　122
何为"日本式用人惯例"？　128
日本式用人惯例的背景　134
日本式用人惯例已经失去了效力　137
僵化的劳动力市场　143
日本的用人惯例已开始松动　149
工会职能弱化　152

④ 第四章
摆脱"不成熟的资本主义"的方法　155

史无前例的经济停滞——要如何改变"吊车尾的

日本"？ 157
挽救"一亿贫民国"的良药是"生产总值" 159
让劳动力市场彻底流动起来 163
劳动力市场的流动化不可避免 167
改变世界的四大全球趋势 168
全球趋势变化引发劳动模式转变 172
打造成果报酬型劳动力市场 175
适才适所，是为正道 181
全世界最"不学无术"的日本 185
"制度设计"要一碗水端平 188
明确解雇准则 191
改革公务员人事制度 194
在全球劳动者眼中，日本并不是理想的就业国度 196
如何遏止日本经济衰退？ 200
  日本经济复兴的希望——①社会农业 201
  日本经济复兴的希望——②教育大改革 206

参考文献 214

第一章

物价——"30 年一遇的高物价"意味着什么？

第一章
物价——"30年一遇的高物价"意味着什么？

● 蔓延全球的通货膨胀、停不下来的日元贬值

如今，全球的通货膨胀程度正在加剧。图1-1展示了过去30年间日本、美国、欧元区通货膨胀率的演变。其中，美国、欧元区的通货膨胀率在2000—2020年始终保持平均2%的稳定推移；但自2021年起，通货膨胀开始加速。2022年6月，美国的通货膨胀率同比增长9.1%，达到近40年来的高位；同年8月，欧元区的通货膨胀率同比增长也上升至9.1%，创下历史新高[1]。

日本的食品、日用品等商品价格同样也开始升高，令人们切身感受到物价正在上涨。物价常年保持不变的日本，2022年4月的通货膨胀率竟然攀升至2.5%，一下

---

[1] 美国的通货膨胀率于2022年7月转势降至8.5%，8月又降至8.3%。

低薪困境

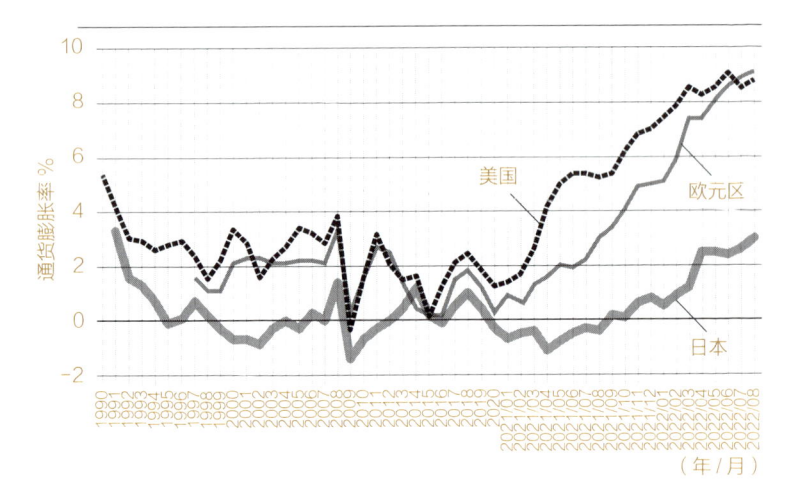

图 1-1　1990—2022 年日本、美国、欧元区通货膨胀率的演变

注　1990—2020 年数据以年为单位。自 2021 年 1 月起是月度同比数据。日本使用的是消费税税率调整后的居民消费价格指数的增长率。

资料来源：日本总务省、欧盟统计局、美国劳工统计局。

超过了日本银行设定的 2% 通货膨胀率的目标。不考虑消费税税率上调的时期，日本通货膨胀率突破 2% 还是自 20 世纪 90 年代前期以来 30 年不遇的事情。随后，日本通货膨胀率持续攀升，于 8 月达到了 3.0%❶。

---

❶ 根据撰写本书时的最新数据，2022 年 8 月的居民消费价格指数（综合指数）同比上涨 3.0%，扣除生鲜食品等容易波动的统计数据后得到的核心居民消费价格指数同样上涨至 2.8%。

日本另一个与通货膨胀一样备受瞩目的现象，就是日元贬值。2022年1月，外汇市场美元兑日元汇率为1美元兑115日元左右；到了3月22日，下跌至1美元兑120日元的级别；4月28日，又突破1美元兑130日元；至同年9月，这个数字更新到了140日元。日元上一次贬值至1美元兑140日元，还是在24年前。

日元贬值如此急剧，不免令人担忧会对日本经济产生恶劣影响。过去，人们普遍认为日元贬值会促进出口贸易、增加出口企业收益，因此把贬值视为一件好事。然而，随着经济全球化的推进，越来越多的工厂走向海外，日元贬值带来的好处早已不如从前；与此同时，日元贬值抬高了进口商品的物价，使得食品和能源价格相继上涨，给国民生活造成巨大冲击，引发了"恶性日元贬值论"在日本的传播。

当前日本面对的通货膨胀和日元贬值，这两个问题之间有着密切的联系。现今，全世界都在发生通货膨胀，原因何在？另外，有人认为日本此次通货膨胀是"恶性通货膨胀"，其根据又何在？还有，这究竟会给我们的生活和经济社会发展带来怎样的影响？以上这些问题，我们都将在本章中进行讨论。

● **何谓通货膨胀？**

首先，让我们来认识一下"通货膨胀"是什么，然后再进一步了解它的发生机制。

通货膨胀指的是物价水平持续上涨的经济现象；相反，如果物价水平持续下跌，就被称为"通货紧缩"。此外，如果物价水平上升速率减缓，但还没变成负数，即通货紧缩的状态，这种现象就叫作"通货膨胀放缓"。

这里需要注意明确"物价水平"这个词的定义。物价水平反映的是整个经济体系当中各类资产和服务价格的平均水准，而非单个商品或单项服务的售价。如汽油每升单价涨了 30 日元，咖啡每杯价格贵了 100 日元，这些情况不属于通货膨胀；只有当全社会的商品、服务价格整体上涨时，才叫通货膨胀。

为了衡量物价的整体走向，我们需要对多种商品和服务的零售价格进行调查，计算出它们的平均变动幅度。衡量物价的几个代表性指标是居民消费价格指数（CPI）、企业商品价格指数（CGPI）和国内生产总值（GDP）平减指数。具体采用哪个指标，要依统计目的而定。

居民消费价格指数统计的是消费者在实际购买商品或服务之际所支付价格的变动情况；企业商品价格指数统计的是各企业间物质资产交易价格的变动情况；GDP 平减指数则与 GDP 统计中的物价变动有关。GDP 平减指数涵盖了计入 GDP 中的全部种类的资产和服务，因此它是一个比居民消费价格指数和企业商品价格指数更为宏观的物价指标。不过，它的统计范围仅限于国内产品，而其他两个物价指数则包含了进口商品的价格。

这三个物价指标中，引用频率最高的当属居民消费价格指数。该指数的统计数据来自消费者日常所购商品的实际零售价格，因此可以比较直观地反映出物价走向。2013 年 1 月，日本银行把物价稳定目标定为"当年居民消费价格水平同比增长不超过 2%"，并密切关注着居民消费价格指数的变动趋势。

● 良性通货膨胀、恶性通货膨胀

那么，物价究竟是怎样确定的呢？

我们知道，资产和服务的价格及其交易量是由需求和供给的关系决定的，这是经济学的基本常识。如果需求大于供给，价格就会上升。举个例子，假设有很多人想买咖啡，而现有的咖啡数量不够这么多人分，于是有人提出，自己愿意以比平时贵一点的价格买下咖啡。这便说明，当需求超过供给时，价格就会上涨；反过来，如果供给超过了需求，价格就会下跌。物价水平基本上就是如此，是由经济活动中整体的供求关系（总需求和总供给）决定的。

由总需求超过总供给引发的物价上涨，叫作"需求拉动型通货膨胀"，近年来也被称为"良性通货膨胀"。

引发总需求量增加的因素有很多，所以形成需求拉动型通货膨胀的原因也多种多样。比如，经济景气、需求扩大就会引起通货膨胀。经济好转时，商品售价便上涨；经济恶化时，商品售价便下跌。这种现象，想必符合大部分人的实际感受。

经济学理论认为，一个经济体系当中金钱的总量（货币供给量）是影响总需求的重要因素。这种理论被称为"货币数量论"。它的含义是，货币供给量的增速超过生产能力的提升速度会导致物价上涨，引发通货膨胀。由于货币供给量基本都是处于中央银行的把控之下，基于这一理论我们不难理解，出台金融政策势必会对物价施加影响。

发生通货膨胀并不只有需求方的原因，供给方（成本）的问题同样可能会引发通货膨胀。例如，企业生产环节的所需费用增加也会导致物价上涨，这种现象被称为"成本推动型通货膨胀"。企业在给产品定价之际，通常都会考虑生产环节所耗费的成本。生产成本增加，产品价格也必然会水涨船高。而一旦经济当中的生产成本整体提高，即使总需求没有超过总供给，也会造成物价水平上涨，引发通货膨胀。如果因为成本转嫁导致商品卖不出去，最终的结果就是产业规模收缩、就业岗位减少。因此，成本推动型通货膨胀也被称为"恶性通货膨胀"。

不过，单凭供需关系的平衡还无法完全解释物价走向，还必须考虑另一个会对物价产生影响的重要因素，那就是"通货膨胀预期"。通货膨胀预期指的是企业或个人对于未来物价上涨的估计。

对未来的预期会以不确定的形式给经济活动中的各种交易或决策行为带来影响。举个例子，假如人们预计某家银行即将破产，害怕自己存的钱会打水漂，于是争相涌向银行提取存款，如此一来，银行便真的有可能因挤兑而破产。同理，对于通货膨胀的预期使得人们相信今后物价会上涨，于是一窝蜂地跑到超市商场囤货，从而真的导致通货膨胀发生。由于通货膨胀预期会对实际物价和经济形势产生实质影响，因此各国中央银行在制定金融政策方针时，都会十分关注通货膨胀预期的指标——"预期通货膨胀率"的变动情况。

第一章
物价——"30年一遇的高物价"意味着什么?

● **要搞清楚通货膨胀是"可预料的"还是"不可预料的"**

那么,通货膨胀究竟会对我们的日常生活和整体经济产生何种影响呢?

假设全国各地同时发生通货膨胀,不只是物价、工资薪酬和存款利息等方面、各领域的价格标准也都一同上升。这时候,我们的生活几乎不会有实质性的变化。

然而,现实的经济活动中,不可能出现所有价格同时上涨的情况。当商品的售价上涨,而工资水平不变时,人们所能购买的商品更少了,生活自然就变得更拮据。不仅如此,通货膨胀还会使现金和银行里的存款贬值,这对于依赖银行存款等储蓄生活的老年人而言是个不小的威胁。此外,为了抑制通货膨胀,有时还不得不付出"经济萧条"的代价。综上所述,通货膨胀会对国民生活和整体经济产生非常重大的影响。

在考虑通货膨胀的社会代价时,一个重要的切入点就是:这次通货膨胀是可预料的还是不可预料的。如果在一定程度上预料到了通货膨胀，人们便可以提前采取针对性的决策和行动。

不过，可预料的通货膨胀也存在各种各样的问题。接下来介绍几种经济学上已经指出的问题。

首先是"菜单成本"。发生通货膨胀后，商品价格上涨。举个实际的例子，餐馆里的菜品单价上涨，那么菜单上的标价也要相应地更新。如果餐馆老板决定更改售价，就势必要更换菜单，而更换菜单就会产生打印费等成本。这类伴随着价格改动而发生的费用，一般被称为菜单成本。菜单成本是即使预料到了通货膨胀的发生也不可避免的。假如每次发生通货膨胀都要更换"菜单"的话，放到整个经济层面来看，那也是一笔不小的成本了。

其次，通货膨胀还会令各类商品和服务的相对价格产生变动，甚至有可能扰乱整个经济当中的资源分配。要知道，有些商品和服务的价格是浮动的，有些则是比较固定的。因此，当通货膨胀发生时，并不是所有商品和服务的价格都会同步上涨。但这样一来，就会导致商品和服务间的相对价格产生变动,最终可能扰乱消费者对资产、服务的购买行为,破坏企业的生产模式。

最后,通货膨胀对纳税的影响也不容忽视。以所得税为例,日本对个人所得税纳税实行的是累进税制。所得税税率根据个人收入确定,收入高的人适用高税率。物价上涨后,个人收入会因通货膨胀而有所提升。这时候,收入水平的提升只不过是反映了物价水平的上涨,个人收入并没有实质性的变化。然而,税金征收标准依据的是票面上的收入金额,即名义收入。名义收入增长,就会适用比以前更高的税率,导致人们要缴更多的税。换句话说,物价上涨使得纳税人的税收负担变得更重了。

不可预料的通货膨胀比可预料的通货膨胀造成的社会性成本更大,比如在前文中提到的,依赖养老金生活的老年人,他们实际拿到手里的钱会贬值;那些还在工作的劳动者也一样,如果发生通货膨胀的同时,他们的工资并没有上涨,那么他们的实质性收入就会比以前少,生活同样会变得更加艰难。

此外,不可预料的通货膨胀还会影响资金借贷。对于欠钱的一方来说，他需要归还的实质性借款额减少了，相当于赚了；而对于借钱的一方来说，他借出去的钱的实质性价值减少了，所以相当于亏了。

● 步步逼近的"停滞性通货膨胀"

正常来说，经济景气的时候，总需求扩大，所以物价水平会上升；反过来，经济不景气的时候，物价水平就会下降。然而，在某些特殊时期，也会出现"经济不景气时，物价不降反升"的现象。这样的情况就叫"停滞性通货膨胀"，它有两个要素：经济停滞，物价上涨。20世纪70年代到80年代前期，发达国家就曾经发生过停滞性通货膨胀。

停滞性通货膨胀容易发生在成本推动型通货膨胀之时。工资薪酬和原材料价格等成本的上升在引起物价上涨的同时，也会压缩企业的收益。究其原因，是由于企业难以将增加的生产成本全部转嫁到产品价格上去。

第一章
物价——"30年一遇的高物价"意味着什么？

谈论停滞性通货膨胀，离不开一个重要概念，那就是通货膨胀预期。面对物价上涨，老百姓预计通货膨胀会持续，担心以目前的工资水平无法满足正常生活所需，于是向企业寻求提薪；提薪增加的这部分工资成本被转嫁到产品价格上，造成物价的进一步上涨。这样就形成了一个恶性循环：物价上涨强化了民众对通货膨胀的预期，拉高了工资水平，从而招致进一步的物价上涨，给企业收益造成严重打击。

当下，停滞性通货膨胀山雨欲来，引发全球高度戒备。居高不下的物价成了家庭和企业的沉重负担，全社会对经济下行的担忧日渐加深。国际货币基金组织和世界银行[1]也已经发出警告称，停滞性通货膨胀的风险正在升高[2]。

---

[1] 世界银行是为发展中国家资本项目提供贷款的联合国系统国际金融机构。它是世界银行集团的组成机构之一，同时也是联合国发展集团（UNDG）的成员。——译者注

[2] 国际货币基金组织《世界经济展望报告》，2022年7月版；世界银行《世界经济展望报告》，2022年6月版。

● 历史转折点——新冠疫情与俄乌冲突

好了,让我们把话题转向近期通货膨胀的动向。

全球范围内的通货膨胀率自20世纪80年代以来始终保持缓慢下降的趋势,主要原因是信贷紧缩和经济全球化,以及原油等初级产品的价格下跌。这种情况就是前文中所提到的通货膨胀放缓(至于通货紧缩,从第二次世界大战结束后直到20世纪90年代中期日本房地产泡沫破裂之前,在发达国家中尚未观测到这种现象)。

长期以来的通货膨胀放缓趋势最近有了一次很大的转变。2021年入春以后,欧美各国的通货膨胀开始加速,其导火索就是新冠疫情。

新冠疫情的大流行给经济系统中的需求方和供给方同时造成了巨大的影响。具体来说,它制约了产业供应链的发展,扰乱了劳动力市场的秩序,释放了被抑制的消费需求(指消费者因暂时压抑购买行为而累积的消费需求快速反弹,形成报复性消费)。此外,它还促使政府和银行出台了大规模金融缓和政策及其他财政法案。再加上2022年2月爆发的俄乌冲突，以及长期性的脱碳减排行动带来的影响，全球范围内的通货膨胀都在加剧。下面，我们对这些因素逐个进行分析。

首先来看新冠疫情的大流行给供给方造成的巨大冲击。

在大流行初期，各国都采取了外出限制、交通管制等措施来防止疫情扩散。这些措施极大地扰乱了各个产业的供应链运行，引发了短期供应不足的问题。

新冠疫情还给劳动力供应带来了严重影响，其引发的劳动力市场混乱仍在持续，多个国家的劳动参与率至今仍未恢复到疫情之前的水平。

在各发达国家中，美国遭受的影响尤其严重。尽管该国经济正从疫情造成的破坏中缓慢恢复，但其劳动参与率仍较疫情之前的水平低了1.5个百分点。有学者指出，疫情后美国的劳动年龄人口之所以没有明显往劳动力市场回流，主要原因在于劳动力市场供需不匹配，以及大量老年人退休。对于今后劳动人口是否会回流的问题，学界意见不一。美国哈佛大学经济学教授劳伦斯·亨利·萨默斯（Lawrence Henry Summers）认为,就业率不足的问题短时间内仍会持续,并将给美国社会造成更大的通货膨胀压力。

接着来看看新冠疫情给需求方造成的影响。疫情期间,各国实施外出限制和交通管制等措施,大众的消费活动因此受到抑制,如外出就餐的机会大幅度减少,国内外旅游无法成行,等等。随着移动限制解除、经济活动缓慢重启,这些被抑制的消费需求一下子爆发出来,使得总需求大大超过了本就因人手不足和物流停滞等问题而日渐减少的总供给,从而导致物价上涨。

为缓解疫情冲击而出台的大规模金融缓和政策和纾困法案等财政运作,也在通货膨胀这把"火"上浇了一勺"油"。世界各国为应对疫情危机,均以前所未有的力度提供了财政方面的支持。根据国际货币基金组织的调查,截至2021年秋,各国实施的财政支援总额已经达到了169000亿美元[1],其中19000亿美元出自美国。

---

[1] 数据引用自IMF: Database of Fiscal Policy Responses to COVID-19(http://www.imf.org/en/Topics/imf-and-covid19/Fiscal-Policies-Database-in-Response-to-COVID-19)。统计区间为2020年初至2021年9月27日。

这种大规模财政支援的代价就是各国政府债务骤增。图 1-2 展示了各国政府债务占比的历史演变。从图中我们可以看到，发达国家的政府部门债务总额占 GDP 的比重从 2019 年的 103.8% 飙升到了 2020 年的 122.7%，几乎比肩第二次世界大战后 1946 年 124% 的水平。❶

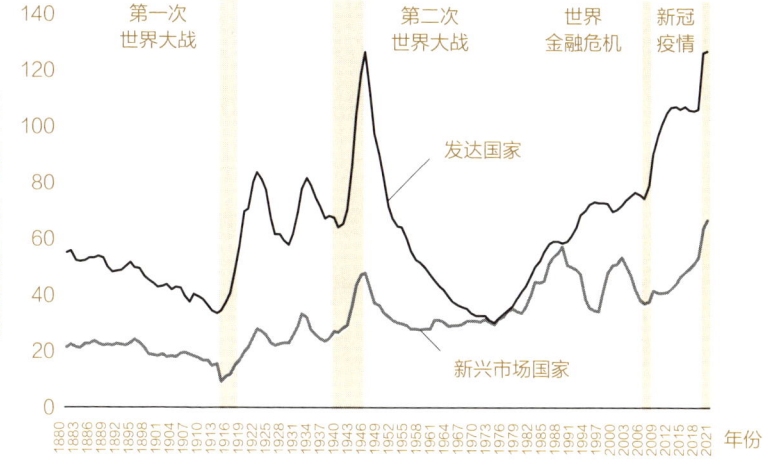

图 1-2　各国政府债务占比的历史演变

资料来源：IMF。

---

❶ 国际货币基金组织《世界经济展望报告》，2022 年 7 月版。

低薪困境

为了应对疫情危机,全球各国的中央银行纷纷于2020年采取大规模金融缓和的手段,通过购买大量债券来给市场注入流动资金,同时降低长期利率,以防止经济进一步恶化。图1-3展示了全球主要中央银行的货币供给量演变。日本银行、美国联邦储备委员会(FRB)、欧洲中央银行(ECB)、英格兰银行这四大央行的总资产从2020年2月的150000亿美元扩大到了2022年4月的250000亿美元,足足增加了100000亿美元。不过,2021年通货膨胀开始加速,全球主要央行转入信贷紧缩阶段,这些稍后再作详细论述。

新冠疫情、俄乌冲突都加剧了通货膨胀的恶化。

俄乌两国的GDP合计占全球总量的比重虽然不大,只有2%左右,但两国是原油等初级产品的主要输出国家。两国小麦出口量占全球总量的30%,玉米、无机肥料和天然气占20%,石油占11%。两国还在金属出口方面扮演着重要角色。

俄乌冲突的长期化导致初级产品的价格高涨,使本就紧张的通货膨胀压力雪上加霜。

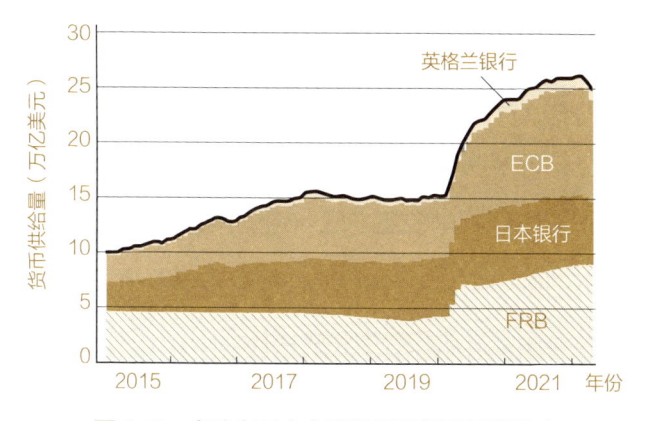

图1-3　全球主要中央银行货币供给量的演变

资料来源：Haver Analytics[1]。

● 新型通货膨胀登场——绿色通货膨胀

有观点认为,"绿色通货膨胀"也是导致当前全球通货膨胀加剧的原因之一。

绿色通货膨胀是指由旨在保护地球环境而开展的脱碳减排等绿色经济活动引发的物价持续上涨现象。

---

[1] Haver Analytics 是为学术界提供时间序列数据的首要供应商。经济和金融数据库的覆盖范围包括发达国家和发展中国家。——译者注

低薪困境

当今世界正在加速推进脱碳减排行动，以期实现温室气体的"净零排放"，给全球变暖"降温"。所谓净零排放，指的是将温室气体的总排放量尽可能减少，从而使得温室气体的排放量与吸收量正负抵消，达到真正意义上的"碳中和"。日本政府已经宣布要于2050年实现温室气体净零排放和碳中和的目标。

那么，绿色经济为何会招致物价上涨呢？

今时今日，脱碳减排是国际社会的大势所趋，对石油和煤炭等化石燃料产业进行新的投资是逆潮流而动，它们很有可能会沦为"搁浅资产"。出于这一原因，化石燃料的投资热度受限，导致其供给量减少，引起价格上涨；由于脱碳减排行动正在轰轰烈烈地进行，即使价格涨势喜人，各大产油国也不敢再像往日那样随心所欲地增产了。不但如此，如果对于化石燃料的需求长期低迷下去，各大产油国恐怕就会考虑放弃增产，选择维持当前的价格高位，在产业的末日到来之前，能赚一点是一点。

此外，在推进脱碳减排的过程中，为了最大限度地减少以二氧化碳为代表的温室气体的排放，一个重要课题就是要实现从化石能源过渡到可再生能源的转型，但这种转型耗资巨大，且非一日之功。在这样的背景下，以欧洲为中心，许多地区对天然气这种与石油、煤炭等化石燃料相比环境负担更小的清洁能源的需求大增，其价格也随之上涨。实际上，自2021年入春以来，欧洲天然气价格保持着高速增长。

另外，实现"脱碳社会"所不可或缺的太阳能发电、风力发电等可再生能源及电动汽车，这些产业均需要用到大量的铜、铝等金属资源。比如，生产电动汽车会大量使用铝材来保证车体轻量化；电动汽车的电动机等组件用到的铜的数量更是传统内燃机汽车的4倍。脱碳减排拉动了对金属资源的需求，使其价格高涨，这也是绿色通货膨胀的一种具体体现。

未来，随着脱碳减排的继续推进，化石燃料和金属资源的价格变动对整体物价水平产生的影响应该会不断减弱。不过，目前尚处于这种转型的过渡期。在此期间，绿色经济反而有可能成为助长化石燃料及金属资源涨价的推手，增加通货膨胀的风险。

进一步地说，绿色通货膨胀因自身结构原因，其造成的影响注定会是长期而深刻的。有专家认为，要想等到绿色通货膨胀完全消退，至少需要 20 年。

● 美国金融政策"大转向"

正当欧美各国经济顶住疫情压力缓慢重启之时，2021 年春季，通货膨胀开始加速，各国央行时隔数十年后又一次被迫出手应对物价上涨。让我们首先来回顾一下美国的做法。

2021 年 4 月，美国通货膨胀发展迅猛，居民消费价格指数同比增长 4.2%，而扣除食品和能源等波动较大的统计数据后得到的核心居民消费价格指数（以下简称为"核心指数"）更是增长了 3.0%[1]。从 3 月居民消费

---

[1] 从居民消费价格指数综合数据当中扣除食品（除酒类外）及能源的统计数据后得到的综合指数被称为"核心居民消费价格指数"或"核心个人消费支出价格指数"。在日本，该指数是指从综合指数当中扣除生鲜食品后得到的统计数据。

第一章 物价——"30年一遇的高物价"意味着什么？

价格指数增长率 2.6% 和核心指数增长率 1.6% 来看，4月通货膨胀趋势明显加速。在各类商品中，涨价尤其厉害的是汽油和二手车。与上一年同期相比，汽油价格增长了 49.6%，二手车价格增长了 21%。

通货膨胀率的骤增，在很大程度上是由于上一年度受疫情的影响而大幅度下跌的物价于该年反弹所致。因此，一开始的时候，市场中的大多数人都认为这种变化只是暂时的，甚至连美联储也相信通货膨胀不会持续。

然而，人算不如天算。不久后，通货膨胀又进一步加速，到 2021 年 11 月，居民消费价格指数同比增长 6.8%，核心指数同比增长 4.9%，二者分别创下了 1982 年和 1991 年以来的最大涨幅纪录。至此，美联储不得不改变当初对通货膨胀趋势的见解，宣布通货膨胀短期内不会缓解。

顺带一提，美联储的职责是稳定物价和增加就业率，因此，当经济形势恶化时，它便踩下"金融缓和"的油门来给经济加速；当经济增长过热时，它又踩下"信贷紧缩"这道刹车来给经济降温。具体来说，金融缓和政策包括下调政策利率、增加货币供应量等；信贷紧缩政策则正好相反，包括上调政策利率、减少货币供应量。另外，决定美联储金融政策方针的机构是联邦公开市场委员会（FOMC）❶。

疫情期间，美联储为了支援美国经济而出台了金融缓和政策。2020年3月，将政策利率由过去的1.75%下调至接近0%，实行"零利率"。此外，还增加了货币供应量，实施量化宽松的货币政策，具体操作是从金融机构手中购买国债和房贷债券，以增加市场中的货币流通量。2020年3月至4月这两个月内，美联储增持了20000亿美元的资产；随后，又以每月1200亿美元的投入继续购进国债和房贷债券，不断向市场注入资金。

但后来，随着通货膨胀愈演愈烈，美联储也转换了金融政策方针。2021年11月，美联储宣布通货膨胀长期化后，首先决定逐步缩小量化宽松政策的实施力度。

---

❶ 联邦公开市场委员会属于美国联邦储备系统，负责进行公开市场操作。——译者注

第一章
物价——"30年一遇的高物价"意味着什么？

自 2021 年 11 月起，联邦公开市场委员会以每月 150 亿美元的额度逐步减少购进国债等债券；随后，又在 12 月召开的会议上决定将资产每月减购额上调至 300 亿美元，2022 年 3 月更是直接减购至零。国债等债券的购进额归零后，美联储持有的资产便不再增加，这代表着量化宽松政策的实施告一段落。美联储之所以脱离原定计划，加速减购进程，是因为当初以为短时间内就会结束的通货膨胀出人意料地变得长期化。

此后，通货膨胀率继续上升。居民消费价格指数的同比增长率于 2021 年 12 月突破了 7%，2022 年 3 月又达到了 8.5%。这是自 1981 年 12 月以后，40 年来的最高水平。

有鉴于此，美联储于 2022 年 3 月解除了两年来为提振疫情经济而实施的零利率政策，将政策利率上调至 0.25%，并提出将基准利率定为 0.25%~0.5%。政策利率的上调幅度通常为 25 个基点，但美联储 2022 年 5 月的加息幅度翻了一番，达到了 50 个基点；6 月和 7 月更是一咬牙加到了通常 3 倍的 75 个基点。如此反常的操作，皆因通货膨胀像一匹脱缰的烈马，根本停不下来。在8月下旬的杰克逊霍尔经济研讨会❶上，美联储主席杰罗姆·鲍威尔（Jerome Powell）强调，为抑制高通货膨胀率，将继续维持加息态势；同年9月，又决定进行第三轮75个基点的加息，而这已是连续第三次的3倍加息。

另外，2022年6月，美联储开始采取"量化紧缩"政策，减持国债等资产。前文中也提到过，美联储为应对新冠大流行而实施量化宽松政策后，曾积极购进国债等资产，最终将持有资产额扩充至约90000亿美元。当前，面对历史性的高通货膨胀率，美联储正在考虑压缩其持有资产额。

可以预见，美国的紧缩政策将对世界经济，尤其是新兴市场国家的经济造成巨大影响。许多新兴市场国家背负着巨额外债，其中大部分的债务都是以美元进行结

---

❶ 杰克逊霍尔经济研讨会是由堪萨斯城联邦银行安排和赞助的年度会议。这个研讨会的参会者包括来自世界各地的央行代表、财政部部长、学者、金融市场资深人士和经济学家。——译者注

算的。美联储推出货币紧缩政策,提高美国利率,自然会使这些国家的美元外债负担变得更重。不仅如此,美国利率的上升还会造成新兴市场国家的货币贬值。届时,进口商品涨价,又将加剧这些国家的通货膨胀压力。

● **全球加息高歌猛进,日本呢?**

除美国以外,其他发达国家的中央银行为了遏制通货膨胀,也纷纷调转金融政策方针,采取紧缩政策(表1-1)。

表1-1 世界各国(地区)的金融政策情况

国家(地区)	政策利率(%)	居民消费价格指数(%)	政策现状
日本	-0.1	3.0	维持低利率
美国	3.0~3.25	8.3	9月3次会议连续加息75个基点
欧元区	1.25	9.1	9月加息75个基点
英国	2.25	9.9	7次会议连续加息

续表

国家 （地区）	政策利率 （%）	居民消费 价格指数（%）	政策现状
加拿大	3.25	7.6	5次会议连续加息
韩国	2.5	5.7	8月加息25个基点
澳大利亚	2.35	5.1	9月加息50个基点
瑞士	0.5	3.5	9月加息75个基点，负利率政策终止

注 居民消费价格指数数据取自最近的同比增长率。截至2022年9月26日。

日本、美国、欧洲的主要央行都先后进行了加息，其中最先迈出这一步的是英国的英格兰银行。将通货膨胀率维持在2%以上是英格兰银行一直以来的目标，但2021年11月，英国通货膨胀率近10年来首次达到5.1%的高位，这让英格兰银行如临大敌，迅速调整方向，转入信贷紧缩。同年12月，英格兰银行将政策利率上调15个基点，达到年息0.25%。此后，每逢议息会议必加息，截至本书执笔时点（2022年9月26日），已加至年息2.25%。2022年9月，英格兰银行还决定开始抛售过去实施量化宽松政策时购进的英国国债。

第一章
物价——"30年一遇的高物价"意味着什么?

欧洲中央银行也于2022年7月上调了利率。欧元区的物价增长率在2021年春季的时候还是2%左右,但到了2022年6月,已上升至8.6%;同年8月,又上升至9.1%,创下过去最高纪录。欧洲中央银行于7月将政策利率上调0.5%,终止了自2014年实行的负利率政策。这次上调利率属过去11年来的首次尝试。此后,为了对抗通货膨胀的持续走高,欧洲中央银行9月又决定加息75个基点。这次加息幅度创下1999年欧元问世以来的最高纪录。

英格兰银行和欧洲中央银行的举动并非特例。在美联储一次又一次实施大幅加息的背景下,全球各大央行面临通货膨胀和美元升值的双重压力,不得不跟进加息,以进行对抗。仅2022年上半年,全球各大央行的政策利率上调次数就达到了80次,刷新了历史纪录。

2020年,新冠大流行,各大央行同时做出反应,实施金融缓和政策。如今,才过去两年多,疫情造成的供给受限,加上俄乌冲突和绿色通货膨胀的影响,导致全球通货膨胀急速加剧,逼得各国央行给自家金融政策

低薪困境

来了一个"急转弯"。

● 全世界唯一"按兵不动"的日本银行

在这样的全球大背景下,日本的物价水平也开始上升了。2022年4月,居民消费价格指数同比增长2.5%,如果不考虑受消费税税率上调影响的时期,那么这就是日本自1991年12月以来的最高增长率。扣除波动较大的生鲜食品等统计数据后得到的综合指数的增长率为2.1%。此后,日本的物价增长率始终维持在2%以上,但与其他主要发达国家相比,还是显得发展缓慢。

正当世界各大央行为遏制通货膨胀而相继采取紧缩政策之际,重视托底国内经济稳增长的日本银行却独树一帜,继续坚持金融缓和方针不变。下面,我们来回顾一下日本银行近些年的金融政策。

为实现国内经济复苏,日本银行设定了2%的物价增长率目标,于2013年开始施行"量化与质化金融缓和政策"。政策目标的重点由以往的"利率(无担保短期利率）"转向"货币供应量（货币基数）"，通过大量购进国债等债券，往市场里注入流动资金，以此提高经济活力。

引入缓和政策，促进了金融市场的日元贬值和股价上涨，但物价增长率依然难以达到日本银行制定的 2% 这一目标。于是，日本银行于 2016 年 1 月引入"负利率量化与质化金融缓和政策"，在原来的金融缓和政策的基础上，将民间银行储蓄在央行的存款利率下调至 -0.1%。如此一来，民间银行把钱存在央行不仅没有收益，还要交利息，这样就间接地促使更多的货币从民间银行流入社会，形成有利于家庭和企业进行消费活动的经济环境。不过，负利率政策也引发了一些副作用，比如整体利率进一步下降，导致银行贷款利润减少等。

为应对此类问题，日本银行于 2016 年 9 月引入了"长短期利率操作"手段。具体来说就是，制定短期基准利率和长期利率的导向目标，通过购进国债引导利率达到基准利率目标。现阶段的目标是将短期基准利率导向 -0.1%，长期利率导向接近 0%。

¥ 低薪困境

像这样，日本银行在最近 10 年间坚持采取大规模金融缓和政策。目前，国内物价增长率已经达到了央行当初定下的目标，但日本经济还远未从疫情的打击中恢复过来。为了稳经济、促发展，日本银行还在继续实行金融缓和政策，这与世界其他国家的央行形成了鲜明对比❶。

● **日元快速贬值的原因何在？**

日本中央银行这边继续推行金融缓和政策，而美联储则在忙着加息，日美两国基准利率差距不断拉大，致使日元快速贬值。从图 1-4 中我们可以看到，以十年期国债的利息收益为例，2021 年 3 月初，美联储开始加息之前日美两国的利率差为 1.5% 左右；到了 2022 年 6 月，这一差距扩大到了 3%。随之而来的是外汇市场

---

❶ 2022 年 9 月 22 日，一直采用负利率政策的瑞士国立银行决定将基准利率上调至 0.5%，此举使得日本银行成为全球主要发达国家中唯一实行负利率的央行。

第一章 物价——"30年一遇的高物价"意味着什么？

上的日元相对美元贬值。2022年3月初的时候，1美元可兑115日元；到了9月，一度跌破1美元兑145日元，贬值幅度高达30日元。日本政府和央行为应对日元快速贬值，毅然于9月22日出手介入，开展了自1998年6月以来时隔24年首次大规模买进日元、抛售

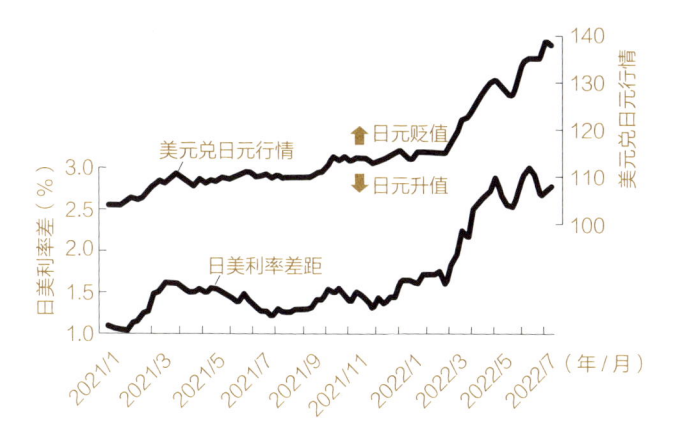

图1-4 日美利率差距和美元兑日元行情

资料来源：BIS[1]、日本银行。

---

[1] 国际清算银行，是致力于国际货币政策和财政政策合作的国际组织，成立于1930年5月17日，是世界上最早的国际金融组织。目前由60个国家和地区的中央银行或金融管理当局组成。总部位于瑞士巴塞尔，另有两个办事处位于中国香港及墨西哥城。——译者注

美元的汇率干预行动。

那么，日美利率差距扩大何以会影响两国汇率呢？在回答这一问题之前，我们先简要地介绍一下什么是汇率。

日元汇率通常指的是日元兑美元、日元兑欧元等币种之间两两兑换的比率。由于汇率是用一种货币兑换另一种货币时的"价格"，因此它基本上也是由两种货币之间的供需关系决定的。此外，经济形势的变化、大众的预期，以及中央银行的政策等因素都会通过货币的供需关系这条线影响汇率浮动。

我们经常说的"日元升值、日元贬值"等概念，就是它的字面意思，即日元的价值升高和降低。

举个例子，当美元兑日元汇率为1美元兑100日元时，购买1美元需要花费100日元；当1美元兑200日元时，要想获得1美元就得付出200日元。换句话说，凭100日元只能兑换到0.5美元了。100日元能买到的美元更少了，这就意味着日元的价值也相应地降低了。所以，汇率由1美元兑100日元变成1美元兑200日元的现象就是日元贬值。

好了，让我们回到刚才的问题：为何美国基准利率高于日本基准利率会引发日元贬值呢？

这里用"储蓄"的概念来打个比方。现在，假设大家准备往日本或美国的银行里存钱，日本银行的定期存款利率为0%，而美国银行的定期存款利率为3%。美国银行的利率更高，因此在美国银行存钱更划算。假如大家持有的货币币种是日元的话，自然不能直接存进美国的银行里，所以需要先把手头的日元兑换成美元，即卖掉日元、买入美元。很多人都这样做时，就会造成汇率市场里日元贬值的趋势。

不过，当前日元快速贬值，并不只是因为日美两国利率差距的扩大，全球能源和原材料价格高涨也是其原因之一。为了进口能源和原材料，日本不得不增加美元的外汇储备，这就导致日元的抛售幅度变得更大。

● 日元贬值是好事还是坏事？

日元快速贬值，在日本国内引起"恶性日元贬值论"

的流行。日元贬值既有好的一面，也有坏的一面。当它的坏处压过好处的时候，恶性日元贬值论就变得很有市场了。

那么，说到底，日元贬值究竟有哪些好处和坏处呢？

我们先来看它的好处。首先，日元贬值会带来的一个积极效应就是，增加出口企业的收益。这是因为，日元贬值可以提高出口商品的价格。

举个例子，假设当 1 美元兑 100 日元时，以 10 美元的价格把商品卖到海外去。这时，10 美元 × 100 日元 =1000 日元，这个 1000 日元就是出口企业将外币货款兑换成日元后的销售额。现在，假设汇率变成了 1 美元兑 130 日元，也就是日元贬值了。此时，同样一件商品，同样被以 10 美元的价格卖到海外后，换算成日元的销售额就变成了 1300 日元，相当于销售额增长了。换句话说，日元贬值后，出口企业将外币货款兑换成日元时，到手的日元比以前更多了。如果商品的生产成本不变，这多出来的部分就是纯利润了。

不过，也有观点指出，日元贬值带来的这种好处已

第一章
物价——"30年一遇的高物价"意味着什么？

今非昔比了。过去，出口型产业是日本经济的支柱，日元贬值提升了出口竞争力，为国家的经济增长做出了贡献。然而，今时今日，许多出口企业将生产据点转移到海外，这就使得日元贬值带来的出口利好缩水了。当然了，即使是在海外生产，不用做出口，只要销售额增长了，换算成日元后，日元贬值还是能给企业带来比原来更高的收益。

除此之外，站在海外消费者的角度来看，日元贬值后，日本的商品和服务价格变得相对便宜，性价比更高了，因此可以满足更多的海外需求，这也是好处之一。受新冠疫情的影响，来日本的外国游客数量锐减，而日元贬值能够将这部分来自海外的观光客"拉"回日本。只要外国游客在日本国内消费，就能有效刺激日本的经济增长。

谈到日元贬值的坏处，首先就是进口商品会涨价。对于依赖从国外进口能源和原材料的企业来说，日元贬值会导致进口成本增加，影响效益。因日元贬值和能源价格上涨导致进口成本增加后，进口企业将会抛售更多日元，进一步增加日元贬值的压力。另外，进口企业还

¥ 低薪困境

不是日元贬值的唯一受害者，它造成的能源和食品涨价，还给国民生活加重了负担。在俄乌冲突引发能源和食品价格上涨之时，日元贬值无疑又让每个家庭遭受了一次重大打击。

最后，有观点认为，日元贬值还会加剧日本的生产力停滞，因为企业不再需要进行技术开发或产业结构改革也能够增加收益了。总而言之，日元贬值的确有增加出口企业收益之"功"，但从长期来看，其姑息老旧产业、阻碍技术创新之"过"也不小。

● 日元实力倒退五十年

至此，我们举例采用的都是日元与美元之间的汇率，但除了兑美元，还有很多兑换其他币种的汇率，比如日元兑欧元、日元兑英镑、日元兑人民币等。从汇率的角度解读经济情势，不应只着眼于日元和美元，还需要把握汇率市场的整体动向。

"实际有效汇率指数"是一个反映日元综合实力的指

标。"实际"是指该数据是对各国物价水平情况进行调整之后得到的;"有效"表示该数据不只取自日元兑美元汇率,还综合了日元兑欧元、日元兑人民币等各个币种与日元之间的汇率,得出的一个加权平均值。

图 1-5 将 2010 年的实际有效汇率指数定为 100,展示了日元实际有效汇率指数的历史变化。实际有效汇率指数的值越高,意味着该币种的对外购买力越大,能够以相对更低的价格购买到国外的商品。

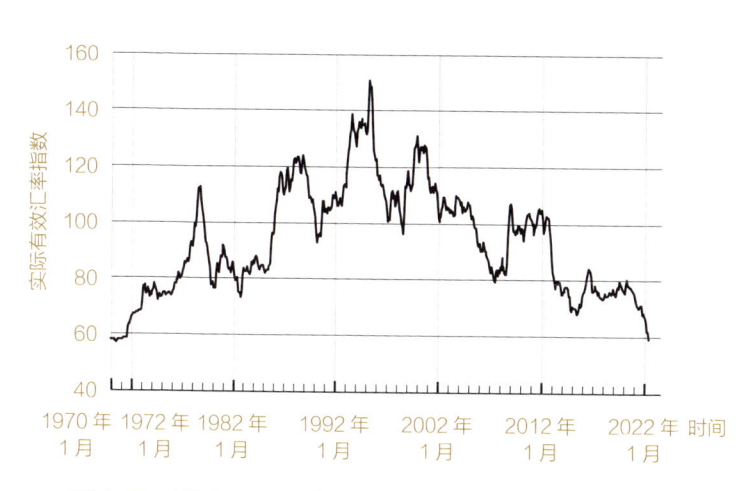

图 1-5　1970—2022 年日本实际有效汇率指数的变动情况
（2010 年 =100）

资料来源：国际清算银行、日本银行。

低薪困境

从图 1-5 中可以看到，2022 年 7 月的实际有效汇率指数是 58.7，处于跟 51 年前的 1971 年 7 月、固定汇率制度被浮动汇率制度取代之前一样的低位。实际有效汇率指数在 1995 年超过 150，达到了顶点。从那时算起，当前数值挫跌了六成。

日元的实际有效汇率指数时隔 51 年后重又跌入谷底，这说明如今的日元实力之低下，可谓是倒退回了当年固定汇率制下，1 美元兑 300 日元时的水平。日元贬值、物价低迷，这两道枷锁生生使得日元的对外购买力"一朝回到解放前"了。

● 从一碗"2000 多日元的拉面"看日美两国物价差距

日元价值已经跌落至与 51 年前同等的水平。光是这样说，大家可能还没什么概念，下面我们就用具体实例来比较一下。

对比日本与海外物价水平时，我们常用的一个指标是各国麦当劳连锁店在售的"巨无霸"汉堡的价格。使用巨无霸的价格来比较各国货币购买力这一方法,为英国政经杂志《经济学人》(*The Economist*)于1986年首创。此后该杂志每年都会发布两次"巨无霸指数"。

表1-2展示了2022年7月更新的各国(地区)巨无霸的价格排名。从表中可以看到,日本的巨无霸价格为390日元,在54个国家(地区)中居第41位;美国巨无霸的当地价格为5.15美元,经1美元兑137.9日元换算后,合710日元,比在日本买贵约80%。

表1-2 世界各国(地区)"巨无霸"汉堡价格

次序	国家（地区）	价格（日元）	次序	国家（地区）	价格（日元）
1	瑞士	925	28	波兰	495
2	挪威	864	29	秘鲁	492
3	乌拉圭	839	30	卡塔尔	492
4	瑞典	771	31	中国内地	490
5	加拿大	724	32	韩国	483
6	美国	710	33	泰国	482

低薪困境

续表

次序	国家（地区）	价格（日元）	次序	国家（地区）	价格（日元）
7	黎巴嫩	700	34	哥伦比亚	480
8	以色列	682	35	墨西哥	473
9	阿拉伯联合酋长国	676	36	危地马拉	464
10	欧元区	657	37	约旦	447
11	澳大利亚	638	38	巴基斯坦	435
12	阿根廷	630	39	摩尔多瓦	429
13	沙特阿拉伯	624	40	越南	406
14	英国	612	41	日本	390
15	新西兰	610	42	阿塞拜疆	382
16	巴西	586	43	菲律宾	380
17	巴林	585	44	土耳其	369
18	新加坡	585	45	中国香港	369
19	科威特	583	46	匈牙利	365
20	捷克	548	47	中国台湾	346
21	哥斯达黎加	539	48	马来西亚	338
22	尼加拉瓜	534	49	埃及	335
23	斯里兰卡	513	50	印度	329

续表

次序	国家（地区）	价格（日元）	次序	国家（地区）	价格（日元）
24	阿曼	509	51	南非	323
25	克罗地亚	508	52	印度尼西亚	322
26	智利	505	53	罗马尼亚	315
27	洪都拉斯	498	54	委内瑞拉	243

注 数据截至2022年7月（1美元兑137.87日元）。
资料来源:《经济学人》杂志。

价格最高的是瑞士，925日元；挪威次之，864日元；第三名是乌拉圭，839日元。这些排名前列的国家（地区），巨无霸价格都是日本的两倍以上。接下来看亚洲的情况：新加坡以585日元排名第一，在54个国家（地区）中居第17位；中国内地490日元，韩国483日元，均高于日本。

尽管不同国家（地区）的商品尺寸可能多少存在一些差异，但同样是购买一个汉堡，换算成日元后的定价比日本高的国家（地区）竟然有这么多，这说明日元的对外购买力是显而易见的低。

低薪困境

值得一提的是，2000年4月的巨无霸汉堡的日本地区定价是294日元，美国是2.24美元。以当时1美元兑106日元的汇率换算的话，在美国买一个巨无霸只要237日元，比在日本买更便宜。事实上，从当年的巨无霸价格排行榜来看，日本的排名在28国（地区）中居第5位，而美国排名第12位。也就是说，20年前，日本的巨无霸价格一度是压过美国一头的。

2022年7月最新版巨无霸价格，日本地区是390日元，美国是5.15美元，与2000年4月相比，美国地区的价格上涨了约1.3倍，而日本只上涨了两成左右。前文中曾提到，2022年7月的美国巨无霸价格是日本的180%，这一数据不仅反映了汇率市场的日元贬值程度，还告诉我们美国的物价增长率高于日本的。

虽然巨无霸汉堡只是全世界万千商品中的区区一款，它本身的分量、大小在不同国家和地区也存在差异。但是，在过去的20年间，它的价格差竟扩大到如此程度，日本的物价水平发展之低下，由此可见一斑。

在日本，像这样的"廉价"迹象还可见于其他商品。举个例子，亚马逊网站 Prime 会员的年费在日本是 4900 日元，在美国是 139 美元，在英国是 95 英镑，在德国是 89.90 欧元。按 1 美元兑 140 日元的汇率换算，美国的年费约合 19460 日元，日本的年费仅相当于其四分之一。

在美国也开有分店的日本拉面连锁店"一风堂"的拉面在日本的售价是 790 日元，而美国分店的售价是 17 美元［按 1 美元兑 140 日元的汇率换算，合 2380 日元（另外，美国有小费文化，如果再算上 10%~20% 的小费，最终支付的金额还会更多）］。以上这些事例，无不表明日元的实际有效汇率指数，即对外购买力有多么低下。

那么，面对目前这样的状况，我们究竟应该如何看待呢？其实，很多时候，汇率这个东西，不是事物发生的"原因"，而是它造就的"结果"。汇率的值是高是低，取决于许多事物相互作用而产生的结果。所以，讨论"日元贬值是好是坏"没有实际意义。我们真正需要思考的，是"日元为什么会贬值"这个问题。

从这个角度思考，我们便不难发现，日元实际有效汇率指数的大幅低落，其原因不在汇率本身，而在于物价水平变动过大。的确，从当前日元兑美元汇率的变化趋势我们也能明显看出日元正在快速贬值，其背后的推手则是日本银行出台的各项金融政策。换言之，日元实际有效汇率的演变，在一定程度上是可以从政策的角度来解释的。不过，日元的实际有效汇率从 20 世纪 90 年代中期就开始走低，它的演变趋势也可以用物价水平的变动来进行说明。

从近 25 年来的物价增长率来看，日本的物价水平几乎是零增长，而大洋彼岸的美国，其物价每年的增长率都保持在 2% 左右。关于下一章将要讨论的"薪资"问题，在过去的 25 年间，日本的薪资水平也是几乎毫无变化，而相比之下，美国则上涨了约四成。"日本的物价和薪资水平都在原地踏步，而美国这两方面都有所上涨。"这句话的言下之意就是，日元的实际有效汇率已经贬值得相当厉害了。

说到这里，我们不禁要问：为什么别的国家的物价和薪资都在上涨，日本却没有动静呢？其实说白了，这恰恰是日本经济正在逐渐衰弱的证明。

● 统计数据讲述的"日本经济衰落史"

过去30年里,日本的国力大幅下滑,在世界经济舞台上的存在感越来越弱,这是一个事实。

图1-6展示了名义GDP排名前五的国家的历史数据演变。GDP是衡量一个国家经济规模的指标。2021年美国的名义GDP约为230000亿美元,中国[1]约为170000亿美元,日本约为49000亿美元,位居世界第三。长期以来,日本的排名一直都是仅次于美国的世界第二,但在2010年被中国赶超了。

接下来我们看一下名义GDP的变化趋势。如果把1990年的名义GDP视为100的话,2021年日本的数值就是154,相当于在这30年间增长到原来的1.5倍。相比之下,2021年美国的数值是386,中国则是4402,

---

[1] 为便于统计,不含港澳台地区,全书同。——编者注

¥ 低薪困境

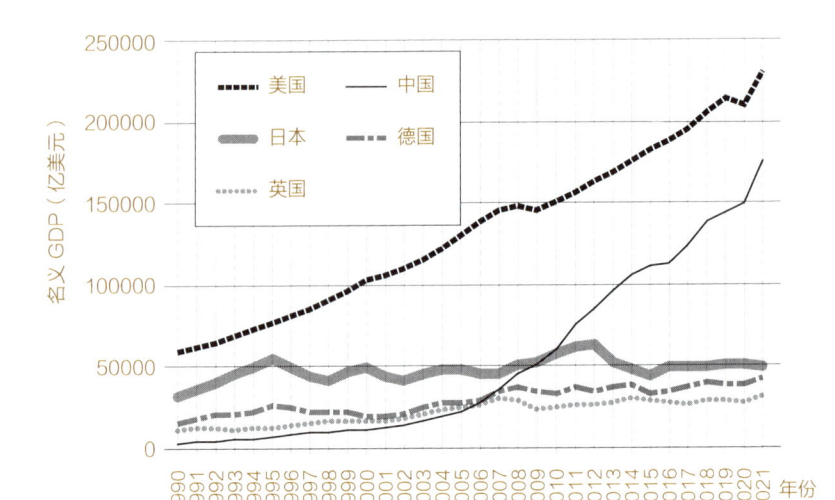

图 1-6　名义 GDP 排名前五的国家的历史数据演变

资料来源：国际货币基金组织（IMF）。

分别是 1990 年的 3.9 倍和 44 倍。当然，也有人说，日本是发展成熟的债权国家，所以经济增长放缓也很正常。对此，我不敢苟同。德国和英国这些老牌发达国家也是如此，但它们的经济还在不断增长，GDP 是 30 年前的 2.6 倍。另外，考虑物价水平因素后得到的实际 GDP，日本是以前的 1.2 倍，美国则是大约 2 倍。

再来看 GDP 占世界总体的百分比。2000 年，日本 GDP 占全球总量的 14.6%，加上同时期美国占有的 30%，几乎扛起了全世界的半壁江山；到了 2021 年，日本的占比下降至 5.1%，仅为当初的三分之一。美国的 GDP 占世界经济比重虽然受中国崛起的影响也于同年下跌至 24%，但即便如此，它的占比跌幅也没有日本那么大。中国的 GDP 占世界比重在 2000 年的时候只有 3.5%，到了 2021 年，已经上升至 18%。

最后，我们再来看看人均名义 GDP 的数据（表 1-3）。GDP 很适合用来衡量一个国家或地区综合实力的大小，但考虑到人口规模的影响，在测量国民经济状况之际，我们经常用到的指标是人均名义 GDP，即一个国家或地区 GDP 总量除以该国或地区总人口得到的数据。

表 1-3　2021 年世界各国（地区）人均名义 GDP 排行

次序	国家（地区）	人均名义 GDP（美元）
1	卢森堡	136701
2	爱尔兰	99013

低薪困境

续表

次序	国家（地区）	人均名义GDP（美元）
3	瑞士	93720
4	挪威	89090
5	新加坡	72795
6	美国	69231
7	冰岛	69033
8	卡塔尔	68581
9	丹麦	67758
10	澳大利亚	63529
15	加拿大	52079
18	德国	50795
20	中国香港	49727
22	英国	47203
23	法国	44853
28	日本	39340
29	意大利	35473
30	韩国	34801
31	中国台湾	33775

资料来源：国际货币基金组织。

第一章
物价——"30 年一遇的高物价"意味着什么？

从表中数据我们可以看到，2021 年日本的人均名义 GDP 是 39340 美元，居世界第 28 位。世界第一的卢森堡是唯一一个人均名义 GDP 超 10 万美元的国家。

七国集团❶成员当中，人均名义 GDP 最高的是美国，为 69231 美元。日本的数值约为美国的 57%，在七国集团中排名第六。排名第七的是意大利，它的世界排名比日本低一位。

亚洲地区的"冠军"是新加坡，位列世界第五。新加坡的人均名义 GDP 是 72795 美元，约为日本的 1.9 倍；韩国的是 34801 美元，世界排名第 30 位。

图 1-7 展示了日本国民收入的全球排名位次推移。从图中可以看到，整个 20 世纪 90 年代，日本人均名义 GDP 在收入排名中的位次几乎都挤进了前五；跨入 21 世纪以后，便开始急剧下滑；到了世界金融危机爆发时的 2007—2008 年，更是跌至第 24 位。此后数年，日

---

❶ 七国集团（Group of Seven，G7）是主要工业国家会晤和讨论政策的论坛，正式成员国为美国、德国、英国、法国、日本、意大利、加拿大。——译者注

低薪困境

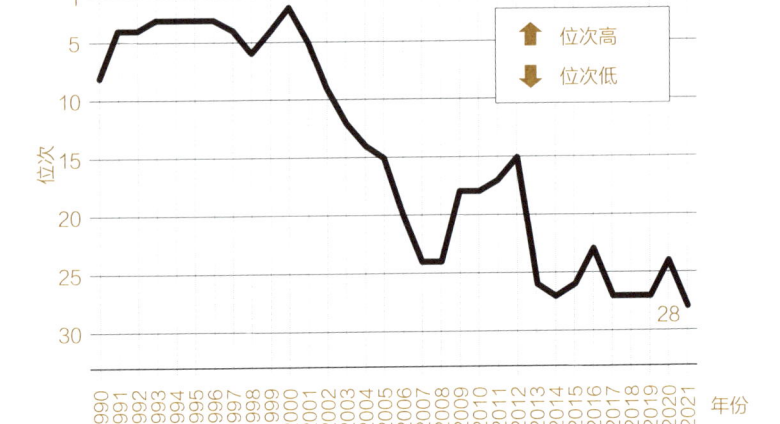

图 1-7　日本人均名义 GDP（美元）在世界收入排行榜的位次

资料来源：国际货币基金组织。

本的排名又上升了几位，但这只是"雷曼事件"[1]发生后的日元走高造成的表象。随后，日本的排名继续下降，于 2021 年降至第 28 位。但如果将人均名义 GDP 换算成购买力平价来看，2021 年日本的排名就是第 36 位，比韩国还要低。

---

[1] 2008 年，美国第四大投资银行雷曼兄弟由于投资失利，在谈判收购失败后宣布申请破产保护，引发了全球金融海啸。——译者注

第一章
物价——"30年一遇的高物价"意味着什么？

日本国际地位的下滑，从其他指标也能够明显看出来。瑞士国际管理发展学院（International Institute for Management Development，IMD）每年都会发布世界竞争力排行榜（图1-8）。这份榜单是基于各国经济表现、政府效能、企业效能、基础建设这四大指标来对该国竞争力进行的评级排序。从榜单问世的1989年到1992年，日本连续三年蝉联综合排名第一，然后直到

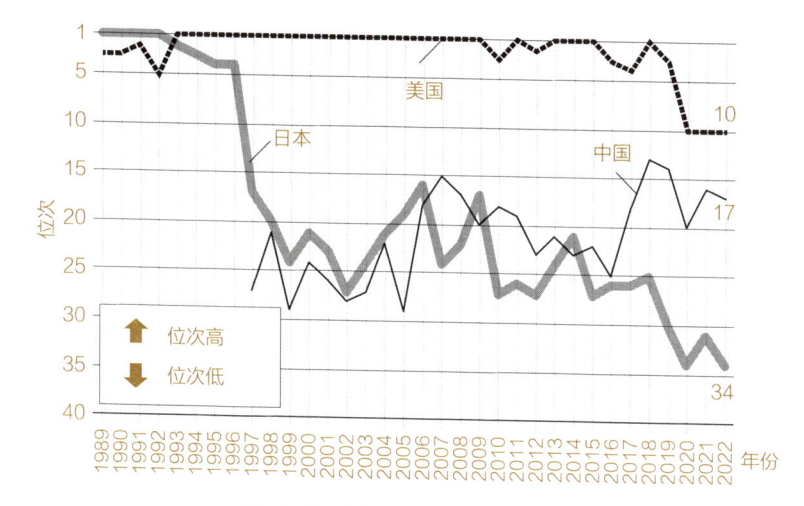

图1-8 世界竞争力排名的变化

资料来源：瑞士国际管理发展学院。

90年代中期都没掉出过前五；此后，其排名不断下滑，直至2022年，在最新的排行榜中名列第34位，为历史最低排名。

第二章

薪资——日本的工资水平是"全球吊车尾"

第二章

薪资——日本的工资水平是"全球吊车尾"

● 物价低真的幸福吗？

在第一章中，我们以近年来物价水平和日元汇率的变化为切入点，了解了日本经济的现状，书中提到的各项数据都昭示着日本经济正在走下坡路。

在本章中，我们将以"薪资"这个与物价息息相关的因素为主线，进一步了解日本经济的现状。

正式论述之前，你需要知道的一个大前提是——日本的工资水平在过去 25 年间基本毫无变化。或许正因如此，我们时常可以听到这样的说法——"日本物价便宜，所以即使工资不高，生活也没什么大问题"，但，这种说法是错误的。

除非日本处于闭关锁国的状态，那又另当别论了。可是既然日本身处经济全球化大舞台，便理所当然地会

¥ 低薪困境

受到外国经济活动的影响。如果从海外进口的商品不断涨价，而日本国内的工资水平又维持原样，那么我们所能购买的东西就会越来越少，生活将难以为继。换句话说，薪资不涨，国民将逐渐陷入贫困。

不仅如此，如果低薪资状态持续下去，还很有可能导致劳动者失去上进心。事实上，各项相关调查都表明，涨工资是可以提升员工工作动力的。

说到这里，我们不禁要问：日本的工资水平为什么上不去呢？如何才能提高工资呢？要想回答这些问题，我们必须认清现状，同时要搞明白薪资水平是由哪些因素决定的。

● 全世界只有日本的工资这么"不争气"

让我们先将日本的薪资水平与其他发达国家做个对比看看。

图2-1比较了2021年经合组织各成员国的年平均工资。从图中可以看到，日本的年平均工资是40848美

元，比经合组织的平均值 52436 美元低了两成多。日本的位次在被调查的 34 国中居第 24 位。

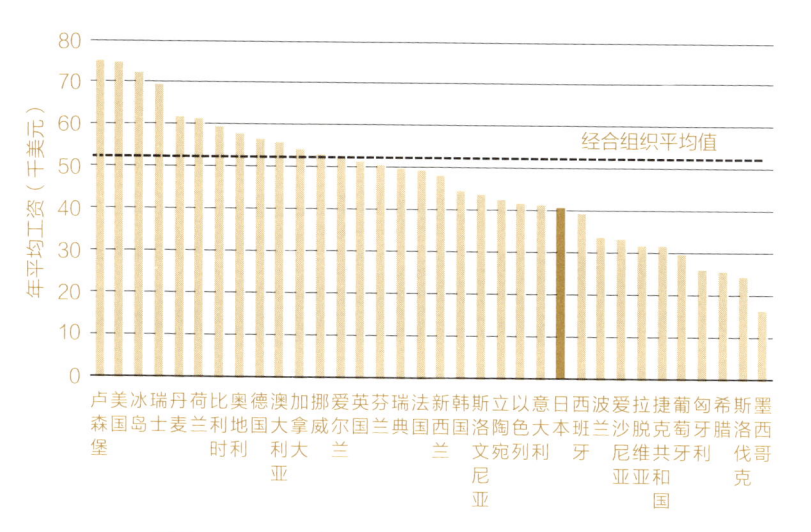

图 2-1　2021 年经合组织各成员国年平均工资

资料来源：经济合作与发展组织。

平均工资最高的国家是卢森堡，为 75304 美元；第二位是美国，为 74737 美元；第三位是冰岛，为 72434 美元。年平均工资超过 7 万美元的只有上述三个国家。日本的数字只略高于美国的一半。七国集团成员国中，日本的工资水平垫底。另外，日本于 2015 年被

低薪困境

韩国赶超。目前日本的工资水平比韩国还要低一成左右。

尽管在 2021 年，日本的工资水平比其他发达国家要低，但其实过去可不是这样的。稍后我们将向大家详细介绍。日本的平均工资额曾于 1997 年达到顶峰，之后才逐渐降低的。

我们先来看看 1997 年日本当年的年平均工资数据。1997 年日本的年平均工资是 38395 美元，与经合组织的平均值 39391 美元基本持平，在 35 国中排名第 14 位，居于中等偏上的位置。当时美国的年平均工资是 50119 美元，日本约为其的 77%；截至 2021 年，这个比率下降到了 55%。不难看出，这 20 多年来，两国之间的差距大大拉开了。值得一提的是，当年日本的年平均工资比法国（37193 美元）和英国（35830 美元）都要高。

综上所述，日本过去的工资水平绝不逊色于其他发达国家。但如今，时代变了，情况也今非昔比了。看这 25 年来各国年平均工资的变化，其他发达国家都在快速地往上涨，日本却几乎一直在原地踏步。

图 2-2 以 1997 年的数值为 100，展示了各国年平均工资的历史演变。我们从中可以看到，日本这 25 年来，除了些许波动，工资水平基本没有变化。相比之下，美国和英国的平均工资都增长到原来的 1.4 倍，加拿大和法国增长到原来的 1.3 倍，德国则增长到原来 1.2 倍。很明显，工资不是没有涨，只是没有在日本涨。在世界发达国家的行列中，日本已经成了名副其实的"吊车尾"。

● 日本工资水平的变化

这一节，我们来回顾一下日本工资水平的历史动向。

根据日本厚生劳动省发布的《每月勤劳统计调查》，2021 年日本国内月平均工资额（现金工资总额）为 319461 日元，年平均工资额为 383.3 万日元。从各类就业形式来看，普通劳动者的月薪为 419500 日元，兼职劳动者的月薪为 99532 日元，二者的差额约达每年 384 万日元。

下面，我们来看看日本薪资水平的历史变化。

低薪困境

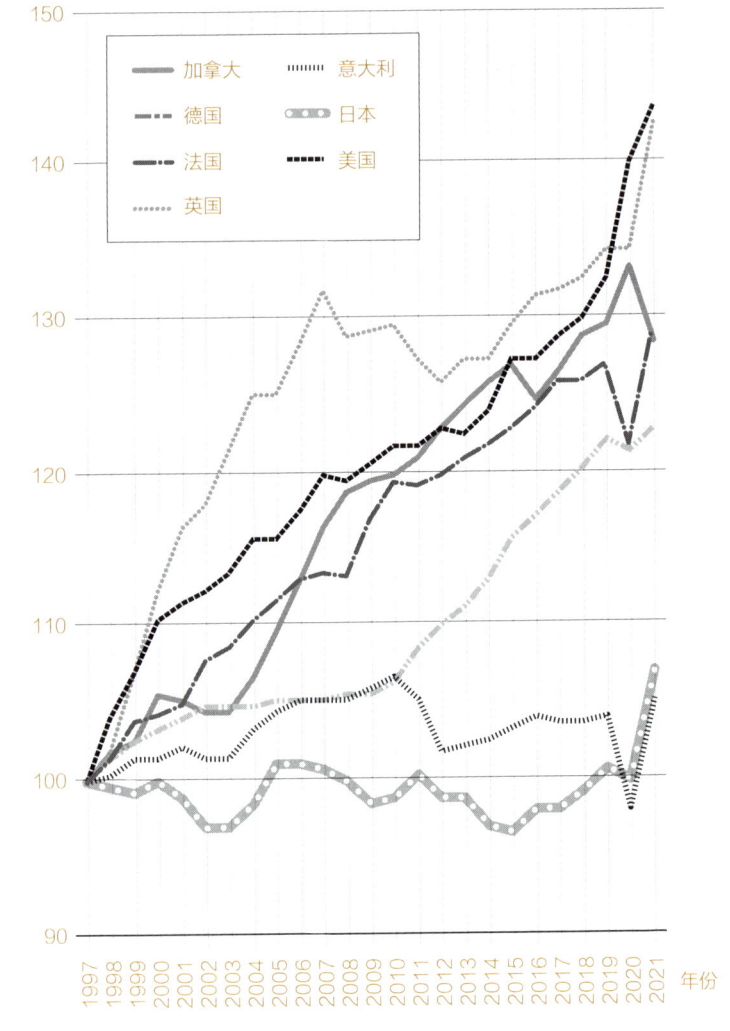

图 2-2 各国年平均工资的变化趋势图（以 1997 年的数值为 100）

资料来源：经济与合作组织。

第二章
薪资——日本的工资水平是"全球吊车尾"

图 2-3 展示了日本月名义现金平均工资总额的演变历程（以 1997 年的数值为 100）。1997 年以前，日本的薪资水平呈不断上升态势；此后的岁月里，经历了 21 世纪初互联网泡沫破裂，及 2008 年雷曼事件的冲击，薪资水平持续走低；近 10 年来总体发展趋于平稳，略有回升，但 2021 年的数值也仅为 89，比最高峰时期低

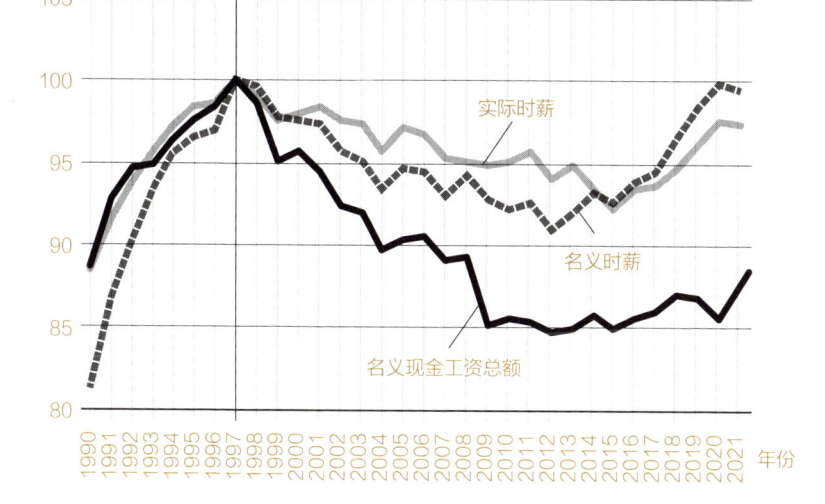

图 2-3　1990—2021 年日本薪资水平的变化趋势（以 1997 年的数值为 100）

资料来源：日本厚生劳动省《每月勤劳统计调查》。

了10%。这个数字跟20世纪90年代初的数值差不多，可见日本的薪资水平兜兜转转又回到了30年前。

鉴于月薪还受工作时长的影响，所以我们不妨再将月薪总额除以月工作时长，看看"时薪"水平又是如何变化的。

时薪是比较正式员工与兼职或临时工等非正式员工工资水平的一个非常重要的指标，因为正式员工大部分都是按月领薪水，他们的基本工资不受工作时长和天数影响；非正式员工的薪资发放多基于时薪，工作时间越长，拿的工资越多。

从图2-3中名义时薪的变化趋势我们可以发现，即使是从时薪的层面来看，日本的薪资水平同样是在1997年迎来的高峰，而后开始走下坡路，又于2012年触底回升，到2020年时，已恢复至1997年的水平。综上所述，尽管月薪水平和时薪水平的变化趋势存在一定差异，但它们都呈现出一个共同点，即与25年前相比，日本工资水平并没有大幅度上升。

话分两头，且说这份《每月勤劳统计调查》中的现金工资总额，大致可以分为"每月固定支付的工资（固定工资＋加班工资）"和奖金等"特殊津贴"这两个部分。图 2-4 展示了基于时薪制的现金工资总额及其细目的变化趋势。

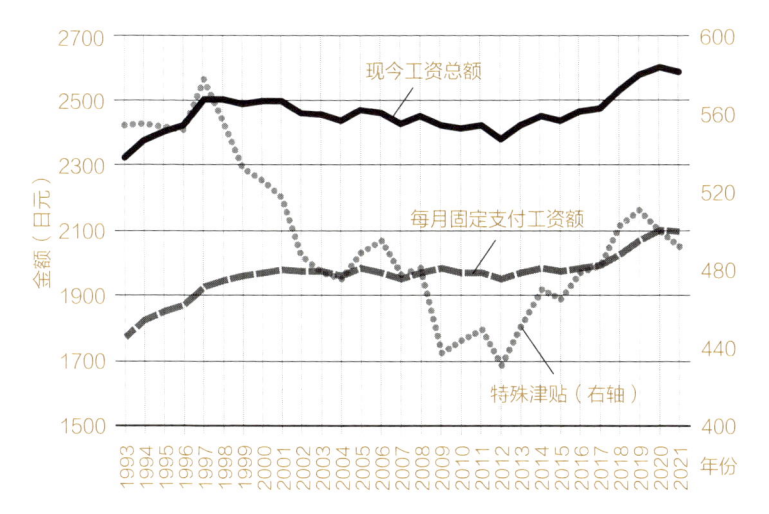

图 2-4　1993—2021 年日本现金工资总额及其细目（时薪）

资料来源：日本厚生劳动省《每月勤劳统计调查》。

20 世纪 90 年代前期，一方面，每月固定支付的工资呈增加趋势，此后停滞了一段很长的时间，到了新冠疫情前的那几年又开始爬升。另一方面，特殊津贴的数额在 1997 年达到顶峰后便开始减少，尽管于 2012 年重新回升，但发展到 2021 年，还是比最高峰时少了 15%。

图 2-4 告诉我们一个很重要的事实，那就是：现金工资总额的增加，本质上是每月固定支付工资额的增加。这也就意味着，只有实现固定支付工资额的持续上涨，才能使整体的薪资水平得到提升。

● 实际薪资与薪资增长率

说到这里，我们有必要明确一下名义薪资和实际薪资的区别。名义薪资指的是劳动者所领取薪资的票面总额。举个例子，如果你每月的工资是 30 万日元，那么这 30 万日元就是你的名义薪资（前文中介绍的日本薪资水平的情况都是基于名义薪资数据）。实际薪资是引入物价水平系数对名义薪资进行加权计算后得到的。它反映了劳动者获取的工资实际可购买的商品和服务的数量。

在衡量生活水平的变化时，我们不能只看名义薪资，实际薪资才是更为关键的指标。打个比方，有人去年的月薪是30万日元，今年涨到了30.6万。这时候，他的名义薪资就在一年内增长了2%。那么，我们是否可以据此说，这个人的生活水平也提高了这么多呢？这就得看物价的变动情况了。假如在这一年内，商品和服务的价格也上涨了2%，这个人的生活水平就相当于没有变化；如果通货膨胀率高于2%，即使名义薪资有所增长，人们的生活水平还是会下降。换句话说，日子是不是越过越好了，取决于实际薪资这个"钱包"是鼓了还是瘪了。

下面，让我们来看看日本实际薪资的变化趋势。请重新翻到图2-3，"时薪"的演变在图中分别从名义时薪和实际时薪的层面予以展示。这里的实际时薪是将名义时薪除以居民消费价格指数这个物价水平指标后得到的，并把1997年的实际薪资水平当作标准值100来进行比较。

从图2-3中可以看出，实际薪资与名义薪资的变化路径差别不大。以1997年为分水岭，在此之前，实际薪资呈上升趋势；在此之后，转而下行，只不过其下落

¥ 低薪困境

幅度比名义薪资略小，原因是那段时间通货紧缩致使物价产生了负增长。此后，实际薪资于 2015 年触底反弹，重新转入上升阶段，不过至今尚未恢复至当年的峰值。

以上，我们关注的是薪资水平指数的动向，接下来看看时薪的增长率情况。图 2-5 展示了名义时薪和实际时薪各自的增长率。20 世纪 90 年代初的时薪增长率很高，而后持续走低，到 90 年代后期已经转为负增长。21 世纪 00 年代的平均增长率，名义时薪是 -0.5%，实

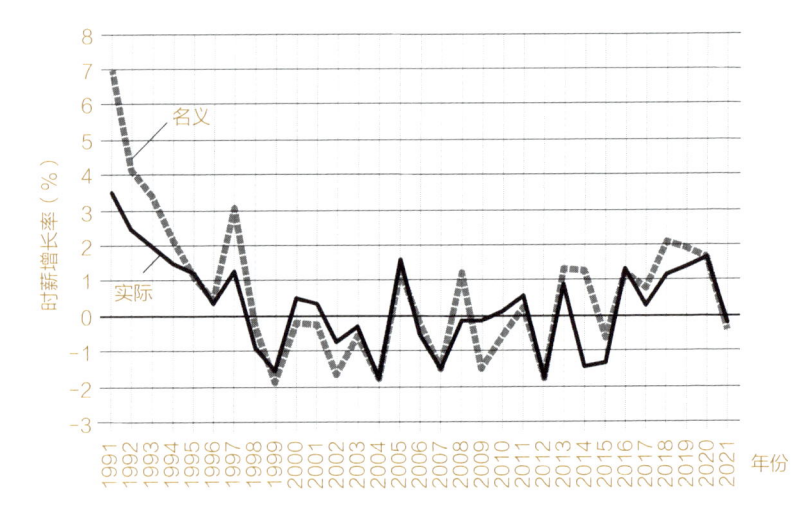

图 2-5 1991—2021 年日本时薪增长率的推移

资料来源：日本厚生劳动省《每月勤劳统计调查》。

际时薪是 -0.2%。从 2013 年"安倍经济学"推出，到 2019 年新冠疫情大流行之前，这段时间内的平均增长率，名义时薪是 1.1%，实际时薪是 0.3%。

● 决定薪资水平的"四大要素"是什么？

根据以上这些数据，我们知道了日本的薪资水平在过去 25 年间毫无起色。那么，又是什么原因导致了这一现象呢？要回答这个问题，我们首先必须搞清楚薪资水平是由哪些要素决定的。

决定薪资水平的因素有很多，但起主要作用的是以下这 4 个：

（1）劳动力市场的供需情况。

（2）劳动生产率。

（3）劳动力市场的结构——就业结构。

（4）物价——通货膨胀率。

下面，我们就来逐一讲解。

低薪困境

1. 劳动力市场的供需情况

决定薪资水平的首要因素就是劳动力市场的供需情况。

从经济学上讲，薪资就是劳动者提供劳动服务的价格。商品和服务的价格一般是由市场的供需平衡决定的，需求超过供给，价格就上涨；反之，供给超过需求，价格就下跌。薪资水平也是同理。对于劳动力的需求量如果超过了劳动力的供给量，薪资水平就会上升，反之就会下降。

我们来看看劳动力市场的供需情况。衡量劳动力市场供需平衡的两个常用指标是失业率和有效招聘倍率，图 2-6 展示了这两项指标的历史演变情况。

从图中我们可以看到，失业率在 20 世纪 90 年代初只有 2% 左右，随后不断上升；到 2002 年，上升至 5.4%，2002 年的失业人数也达到了历史最高的 359 万人。另外，在日本所有城市村镇当中，人口最多的是横滨市。该市人口约有 378 万人（截至 2021 年 10 月 1 日）。对比一下我们便可以感受到，当年的失业人数是

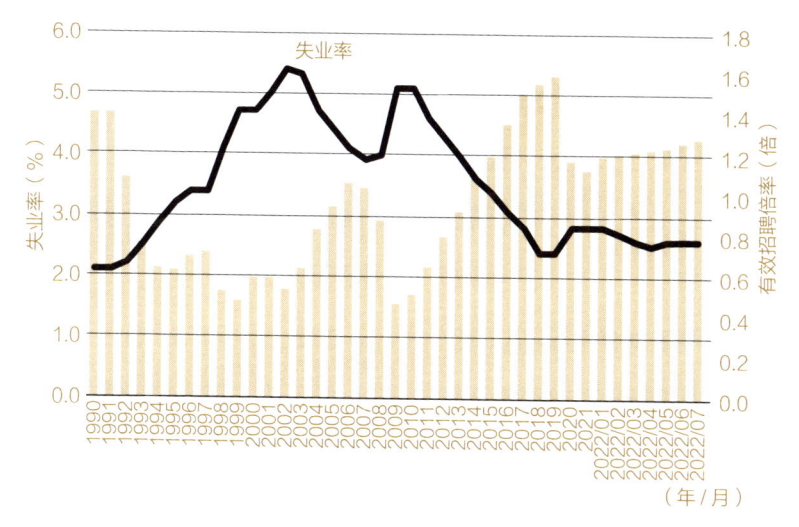

图 2-6　1990—2022 年日本失业率和有效招聘倍率的推移

注　2021 年以前的数据以年为单位，自 2022 年起使用的是月度数据（季节调整值）。

资料来源：日本总务省《劳动力调查》、厚生劳动省《一般职业介绍情况（就业稳定业务统计）》。

一个多么庞大的数字。

此后，失业率逐渐回落至 4% 以下，但还没等站稳脚跟，又遭遇了世界金融危机，于 2009 年再次突破 5%。之后，失业率开始下降，到 2018 年，降至 2.4%，达到自 1992 年以来时隔 26 年的低水平。2020 年，受新冠疫情影响，失业率又上升至 2.8%，但这次的上升

低薪困境

幅度与其他发达国家相比要小得多。

再来看有效招聘倍率。有效招聘倍率是全国公共就业保障办公室统计在册的劳动力市场需求人数与求职人数之比❶。如果该比值超过 1，就表示需求人数大于求职人数，也就是我们常说的"人手不足"。

日本的有效招聘倍率在 20 世纪 90 年代初高达近 1.4。随着泡沫经济破灭，就业形势恶化，其比值一度在 1 以下徘徊；近年来这一比值呈上升趋势，并于 2018 年达到了 1.61 的倍率。这是 1973 年以来时隔 45 年的高水平。新冠疫情之前，建设、信息通信、运输、医疗福祉等行业的人手不足现象十分显著；经过这次疫情，人手不足的情况得到了一定缓解。不过，值得注意的是，疫情前的人手不足，反映了日本人口减少的中长期趋势。因此可以肯定，"缺人"不是一时的现象，而是根本经济

---

❶ 需要注意的是，有效招聘倍率不体现未在全国公共就业保障办公室登记的需求人数和求职人数。如今，越来越多的求职者和企业选择在网络、杂志、广告等载体上发布求职或招聘信息。因此，有效招聘倍率不一定能够准确反映劳动力市场的供需情况。

结构上的问题❶。

失业率下降，但薪资上升无望？

那么，劳动力市场的供需情况是如何影响薪资变化的呢？

在考察劳动力市场的供需情况与薪资的关系时，经济学上经常用到的一个工具是"菲利普斯曲线"。它可以很好地展示薪资增长率与失业率这一反映劳动力市场供需情况的指标之间的关系。用横轴表示失业率，纵轴表示薪资增长率，就能得到一张呈向右降低趋势的点阵图。它所呈现出来的曲线，就被称为"菲利普斯曲线"。

菲利普斯曲线呈向右降低的趋势，意味着当失业率低的时候，薪资增长率高；反之，当失业率高的时候，薪资增长率就低。

为什么二者之间是呈负相关关系呢？这一点可以这样来解释：当失业率低的时候，说明有很多企业在招人。

---

❶ 在少子老龄化导致劳动年龄人口逐渐减少的背景下，疫情过后，服务业等劳动密集型产业的人手不足情况很可能会愈发严重。

换句话说，劳动力市场的需求量超过了供给量。这种情况下便很容易形成人手不足的局面，自然会导致薪资上涨；反过来说，当失业率高的时候，供给大于需求，僧多粥少，于是薪资待遇便会被压得很低。这就是薪资增长率与失业率呈负相关的成因。

让我们来看实际数据。图 2-7 展示了 1990—2021 年日本失业率与名义薪资增长率的变化情况。从图中可以看出，失业率与薪资增长率之间实际是呈负相关关系。不过，这种关系并不稳定，会随时间推移而发生变化。

20 世纪 90 年代以前，日本失业率与薪资增长率之间存在着很强的负相关性，近年来，这种强关联性减弱了。具体的体现就是，菲利普斯曲线的斜率变小了。换言之，菲利普斯曲线正越来越扁平化。

向右降低的菲利普斯曲线意味着当失业率下降时，薪资水平就会上涨；那么当这条曲线的倾斜程度变得比以前平缓时，就意味着当失业率的降幅一定时，薪资水平的涨幅不再像以前那么大了。也就是说，日本劳动力市场的供需情况对薪资水平的影响已经不如从前了。

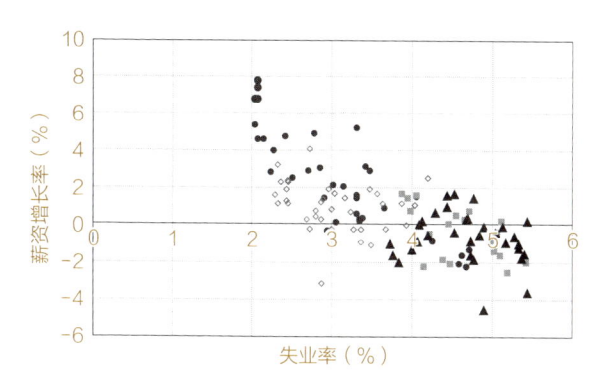

图 2-7　日本不同年代的菲利普斯曲线

资料来源：笔者依据日本厚生劳动省《每月勤劳统计调查》、总务省《劳动力调查》数据制成。

2. 劳动生产率

经济学上认为，薪资水平是与劳动生产率呈正比的。一般来说，生产率体现的是劳动力和机械等生产要素能够产出多少商品和服务（生产总值）。劳动生产率是衡量劳动成果的指标，它代表着一个劳动单位的产值，是用总产值除以总劳动时间计算得出的。

薪资水平与劳动生产率之间的关系可以这样来说明：假设劳动者的生产率提高了，那么当薪资水平与商品价格保持一定时，生产率的提高就会使得增加一单位

低薪困境

产量所耗费的成本更低,企业的单位产值收益也随之增大。既然有利可图,企业便会想着扩大生产,雇佣更多的劳动者;劳动力需求的增加,又会推动薪资水平上涨。像这样,劳动生产率提高之后,薪资水平自然也就水涨船高。

实际上,从劳动生产率增长率与薪资增长率的关系也能看出来,二者之间是呈正相关的(图2-8)。这意味着,劳动生产率的提升是影响薪资水平上涨的重要因素。

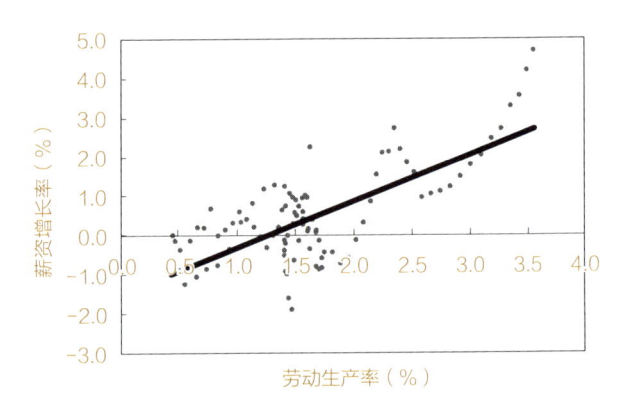

图2-8 劳动生产率与薪资水平的关系

资料来源:Westeliu(2018)。

那么,日本近年来的劳动生产率变化情况如何呢?

图 2-9 展示了劳动生产率的增长率及其发展趋势。从图中我们可以看出，日本的劳动生产率增长率长期呈下降趋势。这仿佛在告诉我们，日本的薪资水平之所以停滞不前，坏就坏在劳动生产率这台"引擎"熄了火。

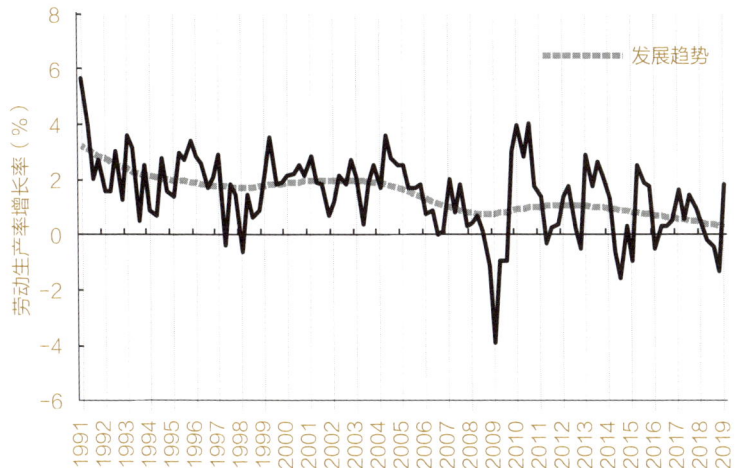

图 2-9　1991—2019 年日本劳动生产率增长率及其发展趋势

资料来源：笔者依据日本内阁府❶《国民经济计算》、总务省《劳动力调查》数据制成。

---

❶ 日本内阁机关之一，除了处理内阁总理大臣（首相）主管的政务，还负有协助内阁制定与调整政策以强化内阁机能的功能。——译者注

3. 劳动力市场的结构——就业结构

劳动力市场的结构，即就业结构，也是影响薪资水平的因素之一。

过去30年来，日本劳动力市场的就业形式发生了很大的变化。从图2-10我们可以看出，在这30年间，非正式员工的数量大幅度增加，从1984年的约600万人增加至2021年的约2064万人，增幅达2.4倍。另外，非正式员工占就业总数的比例也从15.4%上升至36.7%，目前超三分之一的就业人员都是非正式员工（图2-10）。

非正式员工的数量为何增加了这么多？有学者认为，这要从劳动力的需求方和供给方，以及政策制度层面找原因。

首先来看劳动力需求方面的原因。自泡沫经济破灭后，日本经济陷入长期停滞状态，这一时期被称为"失去的20年"。面对不断增大的不确定性，企业开始大量雇佣非正式员工，因为他们的劳动力调整成本❶比正式

---

❶ 劳动力调整成本是一个广泛的概念，涉及搜索、雇佣、培训、保留和解雇员工所产生的成本。——译者注

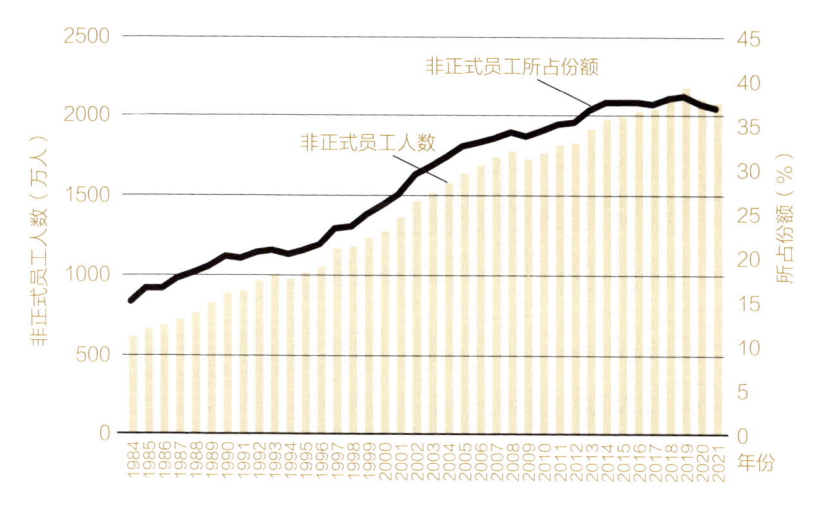

图 2-10　1984—2021 年日本非正式员工人数及其所占份额的历史演变

资料来源：日本总务省《劳动力调查》。

员工更低。此外，还有观点指出，制造业所占市场份额减少、工作形式更为灵活的服务行业所占市场份额增加，也是导致非正式员工数量激增的原因之一。

尽管对非正式员工的需求增加会拉动非正式员工的薪资水平提升，但与此同时，非正式员工的供给也在快速跟进，因此并没有出现工资大幅度上涨的情况。

其次来看劳动力供给方面的原因。随着生活方式和价值观的多样化，越来越多的人开始把生活放在工作前面，希望能够兼顾职场和家庭，维持好二者的平衡。于是，越来越多的求职者不再愿意应聘成为正式员工。另外，出生于1947年到1949年的"团块世代"❶退休后选择被返聘，作为非正式员工继续工作。这也增加了非正式员工的数量。

最后就是政策制度层面的原因了。20世纪90年代以后，对有期雇佣和人才派遣业务的政策限制逐步放宽；正式与非正式劳动者的权益保障条件存在差异等。

说了这么多，那么这些非正式员工的数量增加究竟会给整体薪资水平带来哪些影响呢？在回答这个问题之前，我们有必要先来看看正式员工与非正式员工的薪资差距。

根据日本厚生劳动省发布的《薪资结构基本统计调查》，正式员工的平均月薪是32万日元左右；相比之下，

---

❶ 团块世代是指日本战后出生的第一代。狭义指1947年至1949年日本战后婴儿潮时期出生的人群，广义指1946年至1954年出生的人群。用"团块"来比喻这个世代，是指这个世代的人们为了改善生活而默默地辛勤劳动，紧密地聚在一起，支撑着日本社会和经济。——译者注

非正式员工的月薪只有 21 万日元左右，比正式员工低了三成还不止❶。正式员工的基本工资受工作时长的影响不大，而非正式员工的酬劳是基于时薪发放，多劳多得，所以这里也从时薪层面对正式与非正式员工的薪资水平做一个比较。

图 2-11 对比了 2005 年—2019 年正式员工与非正式员工的时薪水平，其中的时薪数据是基于日本厚生劳动省发布的《薪资结构基本统计调查》中的固定工资额数据，除以实际固定工作时长后得到的。2021 年度日本正式员工的平均时薪是 1948 日元；非正式员工则是 1346 日元，相当于正式员工的 69%。另外，如果把额外工资和奖金等特殊津贴也算进去，再换算成时薪后，非正式员工的薪资水平只占到正式员工的六成左右。

---

❶ 《薪资结构基本统计调查》按照年龄、工作年限、学历、产业、就业形式等劳动者的各种属性对实际薪资情况做了详细调查。由于调查规模较大，一年仅开展一次调查。《每月勤劳统计调查》相当于它的简易版本，每月都会开展调查，并于次月末以速报形式发布。它对于了解短期的薪资变动很有帮助。

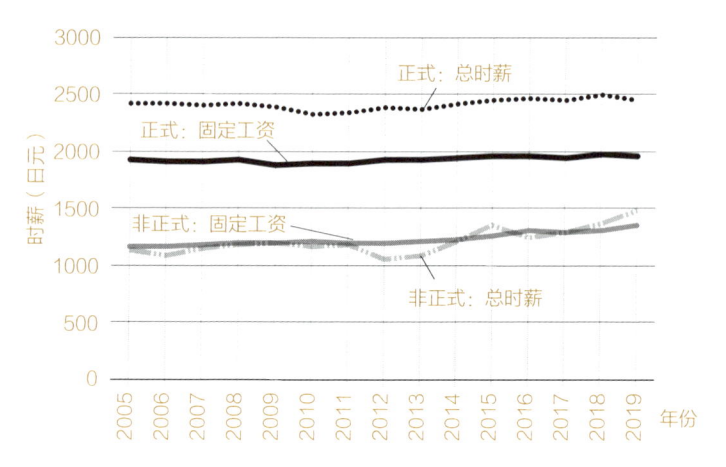

图 2-11　2005—2019 年日本正式与非正式员工的时薪水平

资料来源：日本厚生劳动省《薪资结构基本统计调查》。

不过，正式与非正式员工之间的薪资差距正在逐渐缩小。从 2005 年到 2019 年，这段时间里，正式员工的时薪上涨了 1.5%，而非正式员工的时薪上涨了 15%。这样一来，非正式员工与正式员工的时薪差距由原来的 39% 缩小到了 31%。

非正式员工占就业总数的份额增加给整体薪资水平带来了怎样的影响呢？这么说吧，尽管正式与非正式这两类就业人群的工资都有所上涨，但当工资相对较低的非正式员工所占比例大幅提高后,经济整体的薪资收入相当于被"稀释"了,薪资增长率自然也就打了折扣。

4. 物价——通货膨胀率

物价因素(尤其是通货膨胀率)也会对名义薪资的增长率产生影响。

物价上涨会推动薪资水平上涨,因为商品和服务的价格上升后,劳动者为避免自身的购买力降低,势必会要求企业加薪;相反,当物价下跌的时候,企业要想保证收益,也会为了削减人工成本而试图降薪。此外,不只是实际通货膨胀率,通货膨胀预期同样也会对薪资水平产生影响。

下面,我们通过数据来看看名义薪资的增长率与通货膨胀率之间的关系。图 2-12 以通货膨胀率为横轴、名义薪资增长率为纵轴,展示了二者之间的关系。从图中我们不难看出,通货膨胀率与名义薪资增长率是成正比的。

这里有必要明确一点,薪资增长率与通货膨胀率之

低薪困境

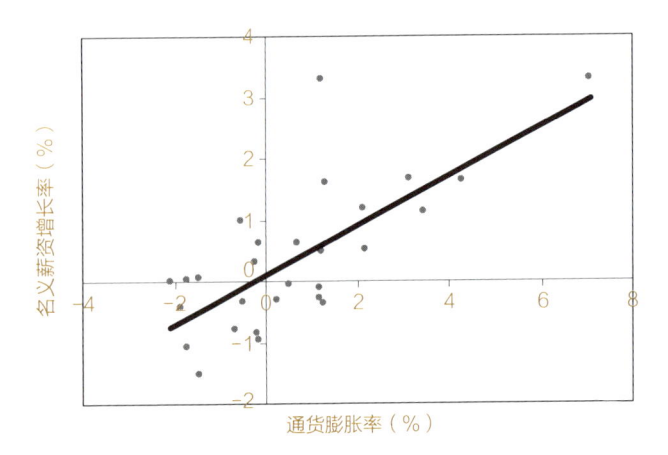

图 2-12　日本薪资增长率与通货膨胀率的关系

资料来源：笔者依据日本厚生劳动省《每月勤劳统计调查》、总务省《居民消费价格指数》数据制成。

间的正相关关系，并非是"物价涨带动工资涨"这种简单机制。反过来，"工资涨带动物价涨"的情况也是有可能发生的。

现在，假设企业的销售额增加，给员工涨了工资。这时候，工资涨了，员工手头宽裕了，消费需求便随之增加。而需求的增加又会导致物价上升，这样就形成"工资涨带动物价涨"的局面了。

第二章
薪资——日本的工资水平是"全球吊车尾"

● 日本应该提高非正式员工的薪资水平

至此,我们已经认识了影响薪资水平的四大要素。接下来,让我们通过推演菲利普斯曲线,逐一分析各个要素是如何影响薪资水平增长的。具体来说,就是根据通货膨胀率、失业率、劳动生产率增长率及就业结构指标来对名义薪资增长率进行推算。其中,就业结构指标采用的是兼职劳动者占就业总数比例的变化。

我们将分析的结果整合到了表 2-1 中[1](不会看统计分析的读者可以跳过这份表格,直接阅读下文中的说明部分即可。有兴趣了解的读者,可以查看脚注里介绍的

---

[1] 首先,要关注数字旁边的"*"和"**"符号。它们表示该变量会对统计结果产生显著影响。举个例子,请看"通货膨胀率"一行的列(3),该栏的数值为 0.26*,带有符号"*",这意味着通货膨胀率会对"名义薪资增长率"的统计结果产生显著影响。
其次,看数字。数字反映了通货膨胀率对名义薪资增长率产生的影响"是正向的还是反向的",以及"影响有多大"。请先确认数字前的符号,若数值为正数,则表示薪资增长率与通货膨胀率成正比。换句话说,通货膨胀率越高,薪资增长率也越高。接着,确认数值大小,0.26 这个数字意味着通货膨胀率每提升 1 个点,薪资增长率就会提升 0.26 个点。

查阅方法）。

表 2-1　菲利普斯曲线的推演结果

要素	采样区间			
	1991Q1–2019Q1	1991Q1–2019Q1	1993Q2–2019Q1	2000Q1–2019Q1
样本数	113	113	104	77
通货膨胀率	0.41** （0.14）	0.37** （0.13）	0.26* （0.13）	0.18 （0.14）
失业率	−1.35** （0.19）	−1.30** （0.17）	−1.10** （0.17）	−0.79** （0.19）
劳动生产率增长率（趋势）		1.01** （0.19）	0.65** （0.23）	
兼职劳动者比例（差）			−1.11** （0.34）	
调整后的决定系数	0.57	0.66	0.48	0.31

注　*、** 分别表示显著性水平 5% 和 1%。（ ）内的数字表示标准偏差值。

我们的结论是，劳动力市场的供需情况和结构因素都会对薪资增长率产生影响。

表中的失业率系数采用负号表示，它对薪资增长率产生的影响也是反向的。正如前文所述,自世界金融危机后,到疫情前的这段时间里,日本的失业率呈下降趋势。从推算数据来看,失业率的下降的确为近年来薪资水平的上涨做出了不小的贡献。

值得一提的是,从分析中使用的 2000 年以后的数据可以看出,失业率对薪资增长率产生的反向影响较以前更小了。这意味着近年来薪资水平对劳动力市场供需情况的变化不再那么敏感了。

推演结果还告诉我们,物价增长率也会对名义薪资的增长产生影响。只不过,从 2013 年摆脱通货紧缩后,到 2019 年新冠疫情前,这段时间里的通货膨胀率扣除消费税税率上调的影响后,平均只有 0.5%,处于低位。因此我们可以说,物价增长对推动名义薪资增长作用并不明显。

劳动生产率增长率虽然与薪资增长率成正比,但近年来劳动生产率几乎毫无长进,这显然是一个大问题。

兼职劳动者占就业总数比例的增加给薪资增长率造成了负面影响。正如此前说明的那样,工资比正式员工更低的非正式员工数量增加，会拉低平均薪资水平。基于分析结果来考虑，只要减少非正式员工的比例，理论上是可以提高平均薪资水平的，但这种做法根本不现实。日本的非正式员工之所以越来越多，本质上是劳动力市场的结构性问题造成的。在非正式员工不断增加的趋势下，要想提升平均薪资水平的话，势必要提高非正式员工的工资。

那么，今后我们应该怎么做才能提升日本的薪资水平呢？

改善劳动力市场的供需情况，这是个好方法，但影响力终究有限。提升物价以带动薪资上涨，这也可以考虑。归根结底，薪资增长率是跟劳动生产率增长率挂钩的。所以，如何提高劳动生产率才是我们尤其要思考的重点。另外，考虑到非正式员工的增加会拉低日本的平均薪资水平，因此，调整就业结构也是十分有必要的。

劳动生产率的低迷和就业结构的变化，本质上是劳动力市场的结构性问题造成的。终身雇佣制和年功序列制等日本式管理是日本劳动力市场的两大特征。有人批评说，过去被视为日本企业强大之秘诀而享誉全球的日本式管理，随着经济环境的改变，已经不再适用于如今的劳动力市场。因为它不仅无法有效发挥作用，甚至还会给日本经济造成不良影响。

日本的劳动生产率为何如此低迷？劳动力市场的结构性问题究竟是什么？下一章，我们再进行详细解说。

第三章

企业经营与劳动力——不愿意把钱花在"人"和"物"上的国家

第三章
企业经营与劳动力——不愿意把钱花在"人"和"物"上的国家

● 改革的关键是向"日本式用人惯例"下刀

日本薪资水平停滞不前的主要原因是生产率低迷,以及工资相对较低的非正式员工所占比例增加。

那么,生产率低迷的原因又是什么呢?

可以说,日本生产率低迷首要的原因是,日本企业不思进取、消极作为,把经营方针从"进攻"转为"防守",不再对人力资源进行投资了。其次,日本式用人惯例逐渐使劳动力市场变得僵化,阻滞了经济的新陈代谢。这也加剧了生产率的低迷。

非正式员工增加这种就业结构变化的背后,同样跟日本式用人惯例脱不了干系。在日本,企业一旦录用了正式员工,便不得轻易将其解雇。于是,当经济处于长期停滞状态、发展前景不好的时候,对于企业来说,改用劳动力调整成本更低的非正式员工就成了合理的选择。此外，日本式用人惯例还营造出了不利于劳动者的就业环境，使得他们在与企业交涉薪酬问题时不敢发声。这也是导致薪资水平上不去的原因。

在本章，我将从企业行为和用人惯例的角度来探讨日本劳动生产率低迷的原因。

● 日本的劳动生产率在经合组织 38 个成员国中排名 23

让我们来简单了解一下日本的劳动生产率现状。

图 3-1 对比了包括日本在内的经合组织 38 个成员国的劳动生产率水平。2020 年，日本的单位时间劳动生产率为 49.5 美元/小时（约合 5086 日元），比经合组织的平均值 59.4 美元低了近两成。在 38 个成员国中，日本排第 23 位。日本这么低的排名，还是自 1970 年首次取得统计数据以来破天荒头一回。

第三章
企业经营与劳动力——不愿意把钱花在"人"和"物"上的国家

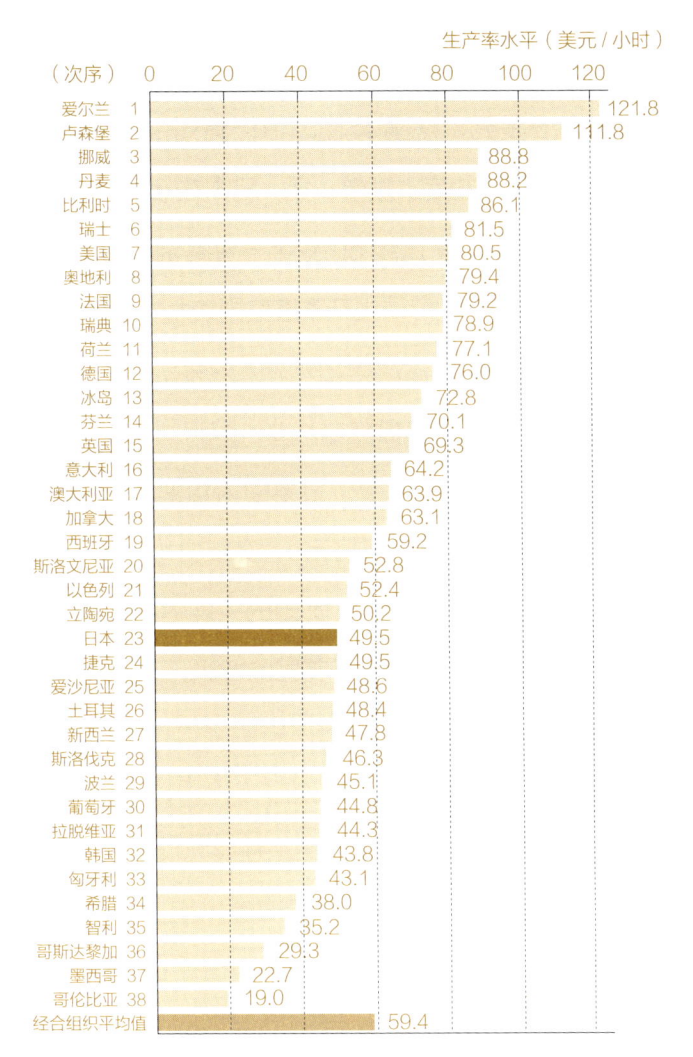

（次序）	国家	生产率水平（美元/小时）
1	爱尔兰	121.8
2	卢森堡	111.8
3	挪威	88.8
4	丹麦	88.2
5	比利时	86.1
6	瑞士	81.5
7	美国	80.5
8	奥地利	79.4
9	法国	79.2
10	瑞典	78.9
11	荷兰	77.1
12	德国	76.0
13	冰岛	72.8
14	芬兰	70.1
15	英国	69.3
16	意大利	64.2
17	澳大利亚	63.9
18	加拿大	63.1
19	西班牙	59.2
20	斯洛文尼亚	52.8
21	以色列	52.4
22	立陶宛	50.2
23	日本	49.5
24	捷克	49.5
25	爱沙尼亚	48.6
26	土耳其	48.4
27	新西兰	47.8
28	斯洛伐克	46.3
29	波兰	45.1
30	葡萄牙	44.8
31	拉脱维亚	44.3
32	韩国	43.8
33	匈牙利	43.1
34	希腊	38.0
35	智利	35.2
36	哥斯达黎加	29.3
37	墨西哥	22.7
38	哥伦比亚	19.0
	经合组织平均值	59.4

图 3-1　2020 年经合组织各成员国的单位时间劳动生产率

资料来源：日本生产力中心。

再来看看七国集团内部的情况：生产率最高的是美国，80.5美元；法国次之，79.2美元；德国第三，76.0美元；日本垫底。顺带一提，日本在七国集团中的排名自1970年以来连续50多年一直是倒数第一。现在，日本的单位时间劳动生产率连美国的六成都不到。

除单位时间劳动生产率之外，人均劳动生产率也可以被测算出来。生产总值除以从业人数得到的数据就是人均劳动生产率。2020年，日本的人均劳动生产率是78655美元（约合809万日元），在经合组织38个成员国中排名28。相比之下，美国的人均劳动生产率是141370美元，日本只相当于美国的56%。另外，日本的人均劳动生产率过去一直居于韩国之上，但在2018年被赶超，2020年更是比韩国低了6个百分点。

不同产业之间的劳动生产率差别很大，这里我们只看制造业和服务业这两个大类的劳动生产率。

根据日本生产力中心的统计数据，2019年日本制造业的单位时间劳动生产率为5512日元/小时，人均劳动生产率为1054万日元；而服务业的单位时间劳动生产率为 4861 日元/小时，人均劳动生产率为 781 万日元。服务业的劳动生产率显然低于制造业。

日本制造业的产值只占全国 GDP 总量的两成，在经济活动中占主导的是服务业。因此我们不难理解，服务业的劳动生产率过低，直接拉低了日本的整体劳动生产率水平。

接下来，我们再分不同行业对比一下日本与其他发达国家的劳动生产率水平[1]。

首先是制造业。2017 年度，日本的劳动生产率水平与英国和意大利基本持平，约比美国低 30%，比法国低 23%，比德国低 17%。对比一下 20 年前，即 1997 年的数据，我们不难发现，日本与这些国家之间的劳动生产率水平差距并没有明显扩大。

其次是服务业。2017 年度，日本服务业的劳动生产率水平大约是美国的一半，分别比德国、法国、英

---

[1] 泷泽美帆（2020）：《各行业劳动生产率之国际比较——与美国及欧洲各国的比较》，日本生产力中心生产率报告。

低薪困境

国、意大利低了27%~35%。但与制造业不同的是，对比1997年的数据我们可以看出，20年来，日本与欧美各国之间的劳动生产率水平差距明显扩大了。如果把1997年的日本服务业劳动生产率水平视为100的话，当年美国就是174.5，而到了2017年，更是提高到了205.4。

说到日本服务业劳动生产率不及美国，也许有人会不以为然。我相信，不局限于美国，只要去过海外旅游或者在国外居住过的人，对日本这个国家的服务品质之优秀，都有着亲身体会。

举个例子，日本的电车总是能严格遵守时刻表，准点到站，不差分毫。笔者曾在美国首都华盛顿生活过，那里的地铁，连发车时刻表都没有。还有，走进日本的饭店或酒店，你会发现这里的服务人员个个面带微笑，遇见客人总是会很有礼貌地将双手叠放在身前，深深地鞠躬致意。要是在国外，你只有到五星级饭店才能享受到这种高品质的服务。

那么，日本与美国的服务业质量差距实际有多大呢？有人做过一项问卷调查，以在美国有过居住经历的日本人和在日本有过居住经历的美国人为调查对象，分28个服务领域询问他们对于日美两国服务行业品质差距的感受，并将这种评价结果量化为相应的价格比（对于日美两国各项服务的支付意愿比），整合成了图3-2。

从图中可以看到，在美国居住过的日本人，他们为了在快递、出租车、便利店等领域享受到日本级别的服务，愿意支付比美国同类服务价格高出15%~20%的费用。另外，在酒店和饭店服务领域，日本的服务品质也要比美国高出一成左右。

像这样，问卷调查也可以从侧面反映出日本的服务品质高于美国。那么，把服务品质也纳入考量之后，日本与美国的劳动生产率差距又是多大呢？

根据一项对服务品质进行加权调整后的日美两国劳动生产率水平对比研究，调整过后的日本劳动生产率要高于调整之前[1]。这一结果与上文中的问卷调查指向一

---

[1] 深尾、池内、泷泽（2018）。

低薪困境

服务类别	日本人	美国人
出租客运	1.19	0.99
航空客运	1.17	1.04
汽车组装维修	1.17	1.36
美容美发（含全身美容）	1.16	1.07
快递	1.16	1.10
地铁客运（短途）	1.14	1.29
便利店零售	1.14	1.07
邮政	1.14	1.01
铁路客运（长途）	1.13	1.01
就医	1.13	1.12
衣物洗涤	1.12	1.09
租车	1.12	1.22
配电配管设施维修管理	1.12	1.09
房地产	1.12	1.06
家庭餐饮	1.11	1.05
百货零售	1.11	1.08
旅游	1.09	1.07
综合超市	1.09	1.06
酒店（低端）	1.09	1.28
电视广播	1.09	1.02
酒店（中端）	1.08	1.05
自助取汇款	1.08	1.22
咖啡餐饮	1.07	1.05
有线网络连接	1.05	1.05
汉堡餐饮	1.07	1.03
酒店（高端）	1.04	1.01
大学教育	0.98	0.85
博物美术展览	1.09	0.97

（左侧：美国的服务品质更高　右侧：日本的服务品质更高）

图 3-2　日美两国服务品质差距（美国=1）

资料来源：深尾、池内、泷泽（2018）。

致，均显示出日本的服务品质比美国更高。

但是，即使把服务品质考虑进去，日本的劳动生产率也还是不及美国。原因很简单，就是因为日本的服务价格太便宜了。如果价格水平能够跟品质同步发展的话，品质高自然就等同于生产率高。然而，正如我们在本书第一章所看到的，日本的物价连续30年原地踏步，而美国的物价却在不断上升。二者的差距逐渐拉开，最终形成今日之局面。

● 劳动生产率何以低迷？

截至目前，日本的劳动生产率走过了怎样的发展轨迹呢？表3-1展示了自1970年以来日本每10年的劳动生产率变动率走向。从表中我们可以看到，日本的劳动生产率增长率长期处于下降趋势。原本在20世纪70年代和80年代，日本的劳动生产率增长率还是非常高的，有45%~51%；90年代，这个数字下降到了21%；进入21世纪后，更是降至12%。劳动生产率发展"乏力"，是导致薪资增长率低的主要原因。

表 3-1　不同年代日本劳动生产率增长率及其要素分解

项目	1970—1980 年	1981—1990 年	1991—2000 年	2001—2010 年	2011—2018 年
劳动生产率	51.3%	45.4%	20.8%	12.1%	5.2%
劳动品质提升加权	11.1	7.5	5.8	3.9	0.1
资本密集度提升加权	19.6	21.7	15.3	4.8	0.2
总要素生产率提升加权	20.5	16.2	-0.3	3.4	4.9

资料来源：深尾、牧野（2021）。

那么，日本的劳动生产率增长率为什么增长乏力呢？要回答这个问题，我们得搞清楚劳动生产率是由哪些因素决定的。

劳动生产率是将生产总值这一衡量劳动成果的指标除以劳动投入量所得出的值，也就是下面这个公式：

劳动生产率 = 生产总值 ÷ 劳动投入量

据此，我们可以推导出，劳动生产率下降的原因，要么是生产总值小了，要么是劳动投入量大了——劳动量过剩，要么就是二者兼而有之。反过来想，要想提高劳动生产率，也无外乎就是增加生产总值，或者减少劳动投入量，抑或双管齐下。

创造产值依赖于两点要素：机械设备等"物质资本"，以及有效使用这些设备的"人力资本"。此外，生产技术、经营效率、企业运营效率等因素也会影响最终的产值。这些除生产要素以外的影响产出的因素，被称为"总要素生产率"（TPF）。

"劳动力"作为生产要素之一，并不仅仅代表着劳动者的劳动量，它还包括劳动者所拥有的技能和经验等劳动品质。所以，在讨论劳动力的时候，我们可以分成"劳动投入量（劳动人数 × 劳动时间）"和"劳动品质"这两个方面来考虑。既然劳动生产率是将生产总值除以劳动投入量得到的，那么它必然受"劳动品质""资本密集度（总固定资产 ÷ 劳动人数）"和"总要素生产率"这三个因素的影响。

表 3-1 将劳动生产率的增长率分解为劳动品质的增长、资本密集度的增长和总要素生产率的增长。如此一来便不难看出，日本 1990 年以前劳动生产率的高增长，在很大程度上要归功于资本密集度和总要素生产率的提高。

然而，进入 20 世纪 90 年代以后，日本总要素生产率增长大幅放缓，导致劳动生产率也随之减速。21 世纪以来，尽管总要素生产率的增长活力稍有恢复，但由于劳动品质的低下，加上资本储备步伐减缓，劳动生产率依然处于停滞状态。这些无不告诉我们，日本近 20 年来劳动生产率的低迷，也就是薪资水平的低下，背后都与物质资本、人力资本及总要素生产率的发展停滞密切相关。

● 不把钱投资在"人"身上，所以生产率上不去

劳动品质的止步不前，反映了人力资源投资的不足。无论在职场内外，企业都会对员工进行培训，以提

高他们的能力和知识水平。利用工作现场的实操业务开展的培训被称为"岗内培训"（on-the-job training，OJT），在工作现场以外开展的培训被称为"脱岗培训"（off-the-job training，OFF-JT）。

过去，日本的企业往往会通过各类培训来提高劳动者的生产力，以此促进经济增长。然而，随着泡沫经济破灭，市场形势一蹶不振，这种积极的人力资源投资模式也走向"礼崩乐坏"，企业开始减少对员工的职业培训和教育投资。

图3-3展示了企业对员工开展教育培训投资情况的变化。从图中可以看到，整个20世纪80年代，企业对员工的教育培训费用都处于增加趋势；90年代以后，开始逐渐减少。企业的教育培训支出额于1991年达到顶点，折算下来平均每人每月要花费1670日元；但到了2016年，这一数字减少了约四成，只有1008日元。

教育培训费用占企业总体用工成本的比例也从1991年的0.36%一路缩水至2016年的0.24%。2021年的教育培训费用只有670日元，占企业总体用工成本的

¥ 低薪困境

[图表内容]
教育培训费 / 占总体用工成本的比例

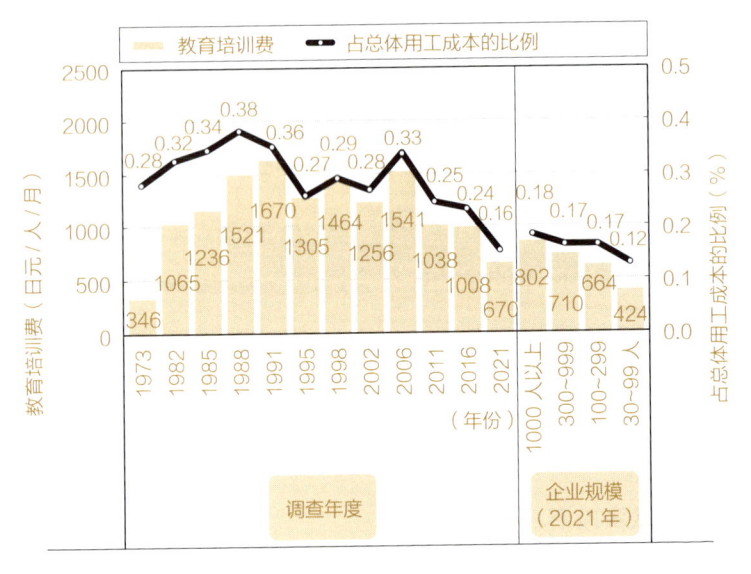

调查年度数据（教育培训费 日元/人/月，占总体用工成本的比例 %）：
- 1973：346，0.28
- 1982：1065，0.32
- 1985：1236，0.34
- 1988：1521，0.38
- 1991：1670，0.36
- 1995：1305，0.27
- 1998：1464，0.28
- 2002：1256，0.29
- 2006：1541，0.33
- 2011：1038，0.25
- 2016：1008，0.24
- 2021：670，0.16

企业规模（2021年）：
- 1000人以上：802，0.18
- 300~999：710，0.17
- 100~299：664，0.17
- 30~99人：424，0.12

图3-3　1973—2021年日本企业教育培训支出的变化

资料来源：日本厚生劳动省《就业条件综合调查》（1982年以前为《劳动者福祉设施制度等调查报告》）。

0.16%。这一数字与2016年相比显著下降，应该是受新冠疫情的冲击影响。

另外，企业教育培训费用支出大小也因企业规模而异。2021年，规模为1000人以上的企业在教育培训方面的支出大约是规模为30~99人的企业的1.9倍（2016年是3.6倍）。所以，不同规模的企业，所能接受的人力资源投资力度相差很多。

企业对于不同就业形式的人力资源投资分布也存在很大差异。根据日本厚生劳动省《能力开发基本调查》报告，2021年度，在所有实施了员工教育培训的企业单位中，不管是"岗内培训"还是"脱岗培训"，主动面向非正式员工开展培训的企业数量，大约只有那些仅针对正式员工开展培训的企业数量的一半。

事实上，对正式与非正式员工的人力资源投资分布存在这么大的差异，对于劳动者个人，对于整个经济市场，都是个大问题。

首先，从劳动者个人层面来说，非正式员工可接受教育培训的机会少，一旦从事非正式岗位，便很难得到机会去学习专业技能、提高自身能力，这就增加了他们转正的难度。不仅如此，如果无法提升技能和能力，他们自然也得不到加薪，将来与正式员工之间的薪资差距恐怕会越来越大。

其次，从经济整体层面来说，人力资源投资力度向正式员工倾斜会拉低平均劳动品质。正如我们在本书第二章所看到的，过去 30 年来，日本的非正式员工数量大幅度增加，现在已经占到就业总数的大约四成。受教育机会少的非正式员工数量增加，意味着社会整体的人力资源投资储备相对减少，这将成为提升劳动品质的一大阻力。

说到这里，我们不妨来看看日本的人力资源投资规模与其他发达国家相比水平如何。

图 3-4 比较了几个主要发达国家的企业人才开发费用的 GDP 占比（需要注意的是，此处引用的人力资源投资数据只涉及"脱岗培训"部分，不包含"岗内培训"）。

从图中可以看到，同美、法、德、意、英这 5 国相比，日本的企业人才开发费用的 GDP 占比"矮"了人家好几头。对比 2010—2014 年的数据，美国占比最高，为 2.08%；法国次之，为 1.78%；德国第三，为 1.20%；日本只有区区 0.10%，排名垫底。

值得一提的是，在这几个发达国家当中，日本的企业人才开发费用的 GDP 占比长期呈下降趋势，而其他

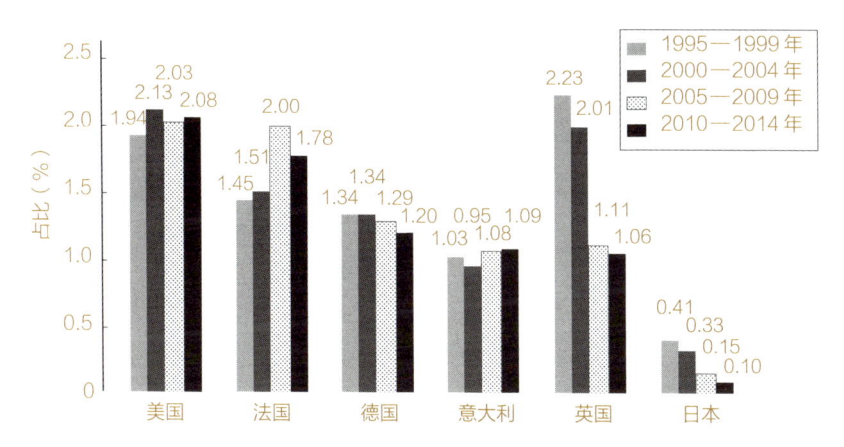

图 3-4　各主要发达国家人才投资额的 GDP 占比（不含 OJT）

> 注　此图展示的是各国人才开发费用的实际 GDP 占比的五年平均值。但其中只涉及企业内外部的研习费用等"脱岗培训"费，不包含"岗内培训"的所需费用。

资料来源：厚生劳动省《劳动力经济分析》（2018 年版）。

几国则不尽然。对比 1995—1999 年和 2010—2014 年的数据来看，德国和英国的占比都下降了不少，而美国、法国、意大利则有所上升。

● **教育方面也不容乐观**

劳动品质低下，不能仅仅归咎于企业的人力资源投资少。除了企业方面的因素，教育机构没能提供合适的环境，让学生和劳动者习得必要的工作技能，也是导致劳动品质低下的一个原因。

"回流教育"是成人继续教育领域备受关注的话题，它指的是参加工作后的社会人士每隔一段时间返回教育机构接受再教育，并在整个职业生涯中做到"工作－教育"的交互轮替。

在日本，25~64岁人口中有半数以上都完成了高等教育，与其他发达国家相比，日本国内高等教育的普及程度已经非常高了[1]。然而，日本高等院校的社会招生比例却很低，这说明终身教育并未得到广泛普及。

图3-5展示了经合组织各成员国的大学、大学研究生院等高等学府中25岁及30岁以上社会招生的入学比例。如图所示，"学士学位或其同等学位"25岁以上生的入学比例，日本是1.4%，远低于经合组织的平均值15.9%，在各成员国中排名垫底。再来看30岁以上

---

[1] 经合组织《教育概览（2019）》。

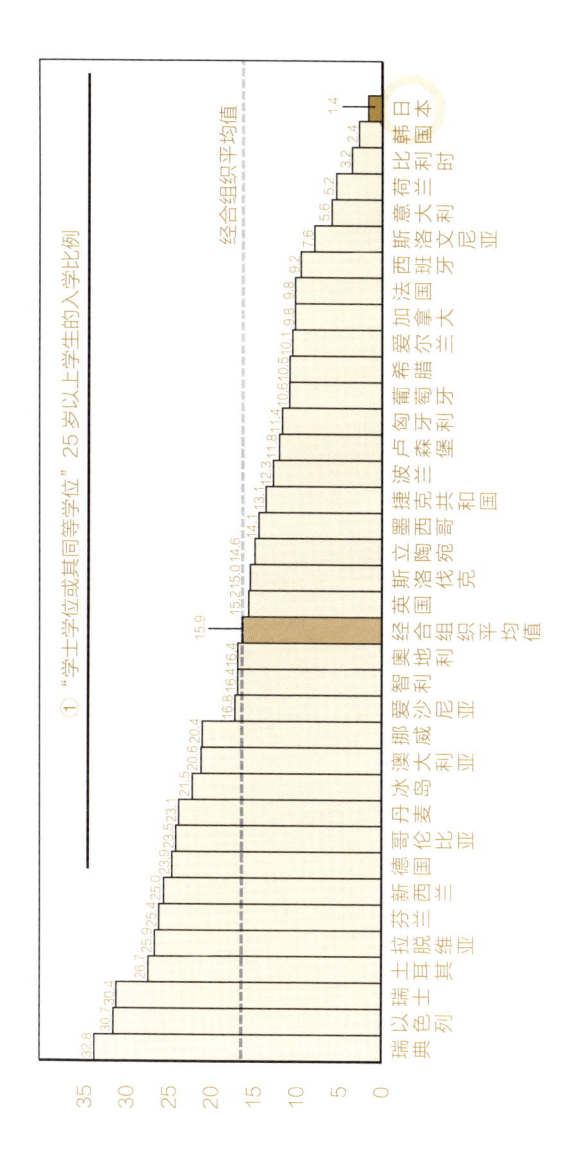

第三章
企业经营与劳动力——不愿意把钱花在"人"和"物"上的国家

① "学士学位或其同等学位" 25 岁以上学生的入学比例

经合组织平均值：15.9

瑞典	32.4
以色列	30.7
瑞士	30.4
土耳其	26.7
拉脱维亚	25.7
芬兰	25.5
新西兰	25.4
德国	23.9
哥伦比亚	23.5
丹麦	23.1
冰岛	21.5
澳大利亚	20.6
挪威	20.4
爱沙尼亚	16.8
智利	16.4
奥地利	16.4
经合组织平均值	15.9
英国	15.2
斯洛伐克	14.6
立陶宛	
墨西哥	13.2
捷克共和国	12.3
波兰	11.8
卢森堡	11.4
匈牙利	10.6
葡萄牙	10.5
希腊	9.9
爱尔兰	9.8
加拿大	9.8
法国	9.2
西班牙	7.6
意大利	6.2
斯洛文尼亚	5.2
荷兰	3.2
比利时	2.4
韩国	2.4
日本	1.4

113

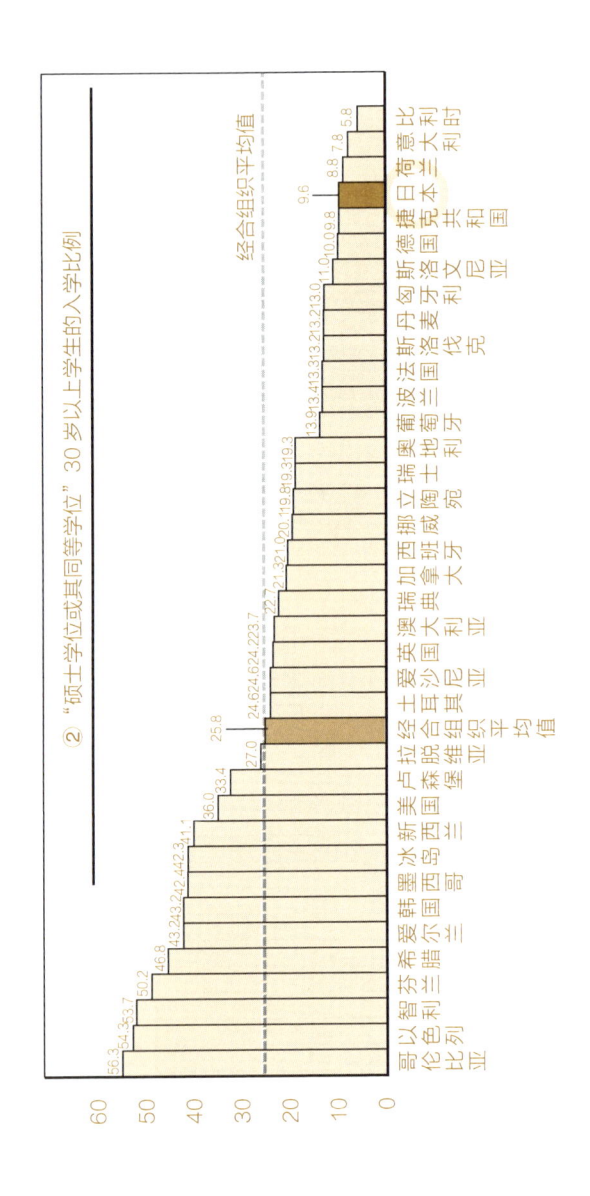

低薪困境

② "硕士学位或其同等学位" 30 岁以上学生的入学比例

经合组织平均值

哥伦比亚 56.5
以色列 54
智利 36.7
芬兰 50.2
希腊 46.8
爱尔兰 43.2
韩国 43.2
墨西哥 42
新西兰 42.4
冰岛 36.0
美国 33.4
卢森堡 27.0
拉脱维亚 25.8
经合组织平均值 24.6
爱沙尼亚 24.6
英国 24.2
澳大利亚 23.7
瑞典 22
加拿大 21
西班牙 20
挪威 19.8
陶土地宛 19.3
瑞士 9.3
奥地利 3.9
葡萄牙 4.1
波兰 3.1
法国 3.2
斯洛伐克 13.0
丹麦 1
匈牙利 1.0
德国 0.9
捷克共和国 0.8
日本 9.6
荷兰 8.8
意大利 7.8
比利时 5.8

114

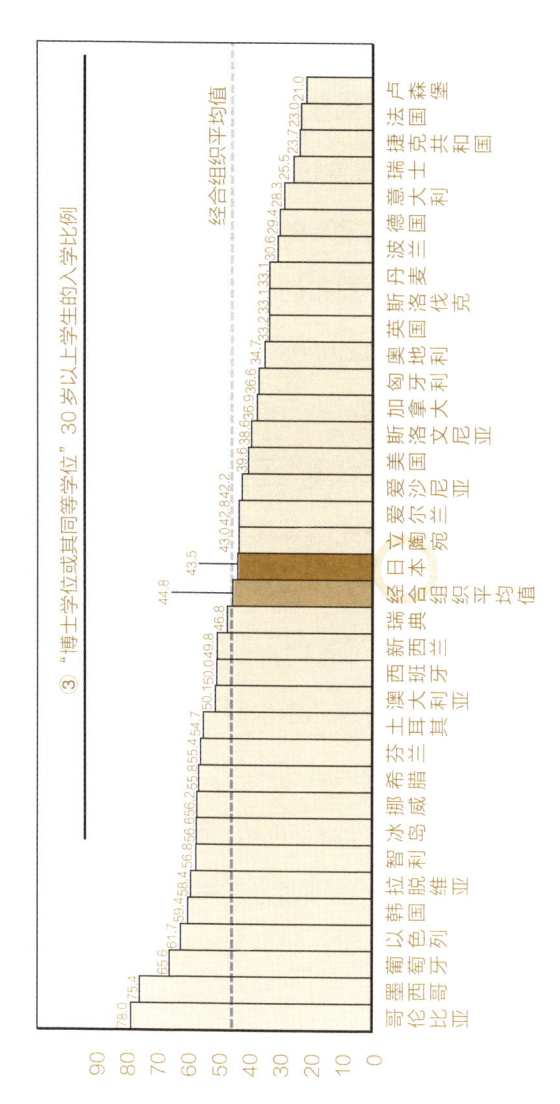

第三章
企业经营与劳动力——不愿意把钱花在"人"和"物"上的国家

图 3-5 2019 年经合组织成员国高等学府的 25 岁及 30 岁以上社会招生的入学比例

③"博士学位或具同等学位" 30 岁以上学生的入学比例

经合组织平均值

哥伦比亚 78.0
墨西哥 75.4
葡萄牙 65.6
以色列 61.1
智利 59.4
韩国 58.4
冰岛 56.8
拉脱维亚 56.6
挪威 56.5
芬兰 55.4
希腊 54.7
土耳其 50.1
澳大利亚 50.0
西班牙 49.8
新西兰 46.8
瑞典 44.8
日本 43.5
爱沙尼亚 43.0
美国 42.8
加拿大 42.2
爱尔兰 39.6
奥地利 38.6
匈牙利 36.9
英国 34.7
斯洛伐克 33.2
丹麦 33.1
波兰 30.6
德国 29.4
意大利 28.3
瑞士 25.5
捷克共和国 23.7
法国 22.0
卢森堡 21.0

资料来源：经合组织《教育概览（2021）》。

低薪困境

进入大学研究生院的学生比例，就"博士学位或其同等学位"这一项来说，日本的数据跟经合组织平均值相差无几；"硕士学位或其同等学位"30岁以上的入学比例只有9.6%，连平均值25.8%的四成都不到。

另外，根据经合组织发布的《成人教育优先事项概览》(Dashboard on Priorities for Adult Learning)，对各国开展回流教育的情况进行的评价，我们发现，日本的每一项指标都低于经合组织平均值，由于时长和距离限制、远程教育条件不完善等现状导致求学者难以灵活获取教育机会，以及教育内容与劳动力市场需求不匹配等问题尤为严重。

关于大学教育，从全球范围来看，外界对日本大学的综合评价并不算高。英国著名高等教育报刊《泰晤士高等教育》(Times Higher Education)每年都会发布一份世界大学年度排名。尽管其排名方式存在争议，但对于了解日本高等教育质量在全世界处于何种水平还是具有参考意义的。

根据2022年度最新的排名结果，在全球前200强的高等学府中，日本只有东京大学（第 35 位）和京都大学（第 61 位）这 2 所学校入围。单看各国跻身全球前 200 强的大学数量的话，美国拥有 57 所，是当之无愧的第一；英国次之，有 28 所；德国第三，有 22 所。即使只看亚洲地区，中国内地也有 10 所高校上榜，中国香港有 5 所。相比之下，日本大学的综合质量水平便显得相形见绌了。值得一提的是，在 2011 年度的排行榜中，全球前 200 强的大学里，日本有 5 所大学榜上有名。如此看来，这 10 年来，日本的高等教育发展可谓是江河日下。

● 数字化步伐迟缓招致经济停滞

物质资本发展停滞，也是劳动生产率低迷的原因之一。

经济理论显示，劳动者的人均资本储备越多，劳动生产率越高。让我们来看实际数据。

图 3-6 展示了日本 1994—2018 年资本密集度

的变化历程。资本密度是将总固定资产除以总劳动人数得到的数值,用来衡量劳动者的人均设备持有情况。一般来说,该指标越高,意味着生产现场的机械化程度越高。

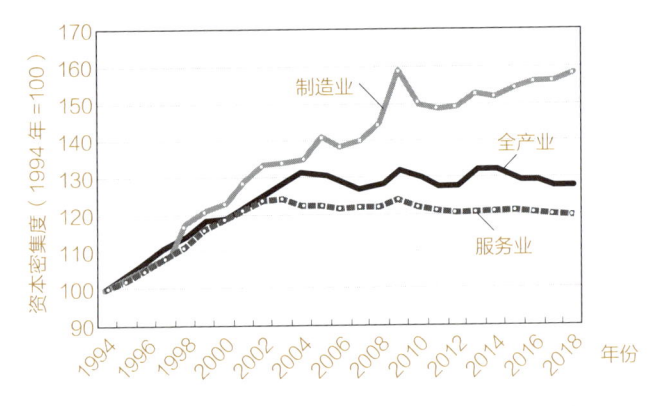

图3-6 1994—2018年日本资本密集度的推移

注 资本密集度为每工时单位的实际固定资本储备。
资料来源:内阁府的《国民经济计算》《固定资本储备报告》。

日本的全产业资本密集度在21世纪初之前曾经有过大幅度上升,但随后便失去了发展的劲头,致使劳动生产率增长停滞。

分产业来看,制造业的资本密集度自进入21世纪

第三章
企业经营与劳动力——不愿意把钱花在"人"和"物"上的国家

以后依旧保持稳步增长，而服务业则陷入了沉寂。由于服务业占全产业的比重较大，因此服务业的资本密集度低迷理所当然地引起了经济整体的资本密集度低迷。

制造业与服务业在资本密集度上存在如此大的差异，反映了服务业因其技术经济特征使其难以用机器等物质资本替代劳动。衡量资本替代劳动的难度有一个指标叫"替代弹性"。有报告指出，过去，服务业的替代弹性比制造业更低，劳动难以被物质资本所替代；进入 21 世纪 10 年代后，服务业的替代弹性变得与制造业不相上下了。

这一变化的背后，起推动作用的是信息与通信技术（ICT）的发展。过去服务业领域由人来执行的工作，慢慢地可以被机器"代劳"了。举个例子，现在有越来越多的超市和便利店引进自助收银机，取代人工进行结账；企业开始引入"机器人流程自动化"（RPA）工具，使用自动化软件完成原本由办公室白领借助电脑操作处理的一系列业务工作，诸如此类利用高科技软件节约人工成本的投资，目前正开展得如火如荼。

¥ 低薪困境

不过，必须承认，与其他发达国家相比，日本在产业数字化这条路上还是落后得太多。根据总务省的调查研究（图3-7），日本企业的ICT覆盖率要低于美国、英国、德国等国家，劳动生产率增长受限。此外，在已经引进了ICT技术的企业中，真正完善了相关配套设施，为ICT技术的使用搭建了良好运行环境的企业尚在少数。

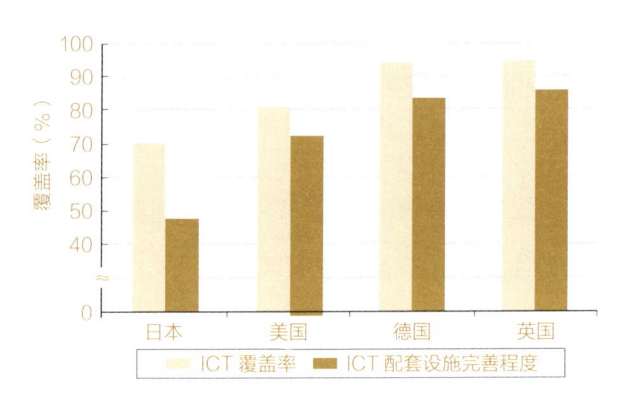

图 3-7　日本、美国、德国、英国企业 ICT 技术覆盖情况的比较

资料来源：日本总务省《关于ICT技术变革与新型数字经济形成的调查研究》（2018年）。

能够清楚反映日本的信息技术化、数字化进程之落后的数据还不止这些——根据瑞士国际管理发展学院每年发布的"世界数字竞争力排行榜",2021年日本数字竞争力的综合排名在64个国家中居于第28位;其中,数字、技术技能领域的排名是倒数第三。

一场疫情,充分暴露了日本的数字化发展有多落伍。举个例子,疫情初期,有媒体报道称,东京都各所卫生站还在使用原始的传真方式来报告新冠病毒感染者人数。这说明能够迅速准确进行信息收集和信息共享的数字化技术在日本并没有得到普及。

还有,2020年的时候,为缓解疫情对居民生活的冲击,政府面向所有公民发放了每人10万日元的特别定额补助金。可是,由于技术限制,在线提交的申请数据无法跟有领取资质的人员名单进行自动核对,结果工作人员不得不一一手工核对,导致许多地方自治体被迫停止受理在线申请。到最后,多地甚至出现了"线下邮寄比线上申请快"这种让人啼笑皆非的场景。

不光政府是这样,有的民间企业虽然也引入了数字化远程办公模式,但实际工作过程中依然有很多流程无法实现数字化——有的资料必须提供纸质盖章文件,到头来员工还是只能到公司处理。

● 日本企业过于保守以致故步自封

至此,我们已经论述了资产和劳动这两种生产要素的重要性,二者的"质""量"直接影响到日本生产力的消长兴衰。不过,除上面两种生产要素外,劳动生产率的低迷还与另一个关键指标的低下有关,那就是全要素生产率。

在此,我们先来说明一下全要素生产率的概念。经济学的教科书上说,全要素生产率反映了技术进步和产业变革对经济活动中资源利用效率的促进作用。企业的经营方式、经营质量,以及劳动模式和用人惯例等,这些都是影响全要素生产率的因素。关于劳动模式和用人惯例,后文中再作详述,这里先来探讨一下企业的经营方式。

从实际情况来看,一方面,日本企业近年来主要采取"防守"的经营策略,这一特征很突出。企业对物质资本和人力资本的投资力度减弱，具体表现为产业数字化滞后、对员工的教育培训费用缩水等。

另一方面，企业开始把利润紧握在手里积累留存收益。所谓留存收益，是指销售额减去原材料费和人工费等费用，再支付完法人税和分红后剩余利润的内部积累。

图3-8展示了企业留存收益（金融、保险业除外）的历史推移。从中我们可以看到，进入21世纪后，日本的留存收益便开始大幅增长。2021年度的留存收益额首次突破5000000亿日元大关，达到了5160000亿日元，几乎是2000年度的2.7倍。要知道，2021年度的名义GDP为5420000亿日元，当年的留存收益额相当于GDP的92%。

企业这种把钱藏着掖着攒起来的现象，其实很不正常。因为，归根结底，企业应该扮演的是投资主体的角色，即投资胜于储蓄才对。企业通过向金融机构贷款或发行股票债券等手段进行融资，以此为启动资金，开展事业，赚取收益，这才是兴办企业之目的所在。一个理想的企业，为了创造价值，获取生存下去的资本，甘冒

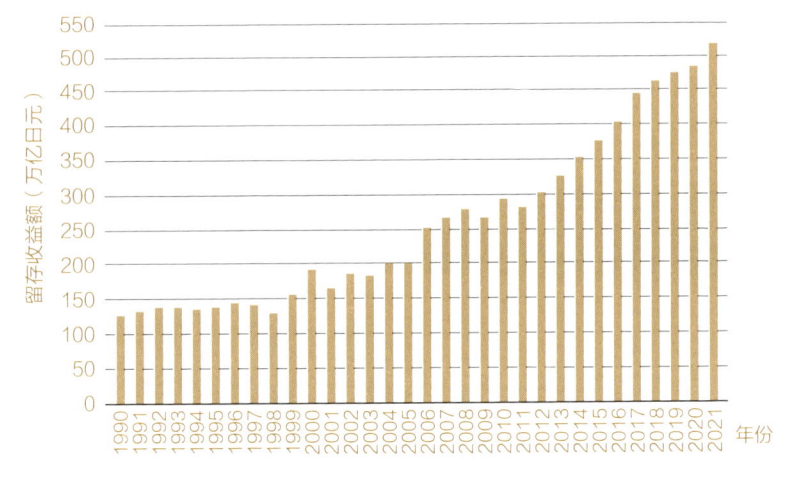

图 3-8　1990—2021 年日本企业留存收益的历史推移

资料来源：日本财务省《法人企业统计调查》。

风险，勇于发起新的挑战，敢于进行积极的投资。可是，如今的企业家们却纷纷把钱锁进保险柜里，不敢拿出来用。这说明他们的经营战略已经转入防守姿态，开始明哲保身了。

那么，是什么原因促使企业收紧了钱袋子呢？

自泡沫经济破灭后，经济发展陷入衰退期，许多企业迎来债务危机。在这样的大背景下，企业们不得不缩小活动规模，把还钱放在第一位，因此被迫放弃了扩大投资，选择把资金留在手里。之后，还没等从泡沫破裂的阴影中走出来，企业又经历了那场由雷曼事件引发的堪称"百年一遇"的世界金融危机。两次巨大的经济冲击令企业家们至今仍心有余悸，他们开始削弱对贷款融资的依赖程度，强化财政基础，以应对可能会突然袭来的意外情况。

另外，随着老龄化的推进，人口也逐渐减少，人们对于经济可能陷入长期低增长的担忧日渐加深。面对如此现状，企业家们未雨绸缪，大力削减设备投资和人工费用，着重积累核心资本，以备不时之需。

综上所述，日本企业之所以趋于保守、消极作为，一个重要原因就是经营者的决策方式和决策质量发生了变化。企业经营者本来应该做的是扛起风险，不断挑战新的事物，带领企业成长，提高收益，给员工发薪，给股东分红。

然而，我们当下看到的却是，面对严峻的经济环境，企业，尤其是大型企业的经营者选择知难而退、明哲保身。可以说，他们这么做是因为害怕采取了积极的经营策略、大刀阔斧地加大投资后，一旦决策出错要被追究责任，所以本着"不求有功但求无过"的心态，转而把力气花在削减经费和裁员上，好让财务报表的账面数字好看些，保住自己的声誉。应该说，有一部分企业确实通过节约经费和重组实际改善了经营，渡过了难关。但是，大部分企业并没有这么好运。如果像这种消极经营的企业多起来，势必就会阻碍整体的投资发展，给经济增长造成恶劣影响。

这里有一份耐人寻味的数据。2021年10月至11月，四大国际会计师事务所之一的"普华永道"（PWC）开展了第25期全球CEO（首席执行官）调研，此次调研对象为89个国家（地区）的共4446位企业CEO（其中日本有195位）。调查中提到这么一个问题："对于今后12个月内贵公司的销售额增长预期，您是否有信心？"对于这个问题，回答"有信心（非常有信心）"及"有极强的信心"的CEO人数占全体的比重，全球整体是56%，美国是67%，中国是45%。相比之下，日本只有25%，比例非常低（图3-9）。

第三章
企业经营与劳动力——不愿意把钱花在"人"和"物"上的国家

对于今后 12 个月内公司销售额增长预期有信心的 CEO 人数占比(%)

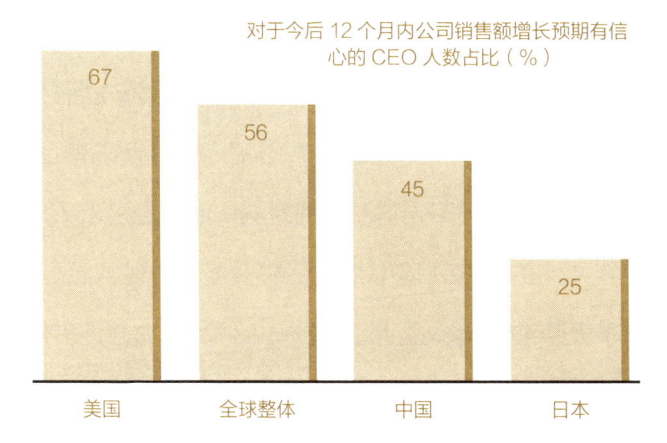

美国	全球整体	中国	日本
67	56	45	25

图 3-9　各国 CEO 对销售增长预期的自信程度

资料来源：普华永道《第 25 期全球 CEO 调研》。

作为经营者，不管身处怎样恶劣的环境，都要能做出正确判断，带领企业走出困境。疫情过后，全球经济尚在缓慢恢复之中，尽管恢复程度各有不同，但各国的经济形势大体上还是差不多的。也就是说，全世界的企业都不好过，但只有日本的经营者对今后的销售增长预期如此不够自信。这说明日本企业的经营者在经营判断和经营战略上遇到了问题。

20 世纪 90 年代中期，日本经济进入了一段长时间的停滞期，这段时期现在被称为"失去的 20 年"。此时距离日本刚刚经历战败、举国面临巨大结构转变的1945年差不多过去了半个世纪，正好是带领战后日本走向经济崛起的松下幸之助和本田宗一郎这批富有企业家精神的第一代领军人物谢幕的时刻。泡沫经济破灭后，为了在惨淡的经济环境中生存下来，那个时代的经营者们迫于无奈选择缩小企业活动规模，倾尽全力偿还借债。令人遗憾的是，时至今日，日本企业仍然保持着这种被动防守的姿态，故步自封、不图进取。

● 何为"日本式用人惯例"？

先前已经论述了，日本的薪资水平之所以上不去，主要原因在于劳动生产率的低迷和工资相对较低的非正式员工增加。这两点弊端又是由同一个问题引发的，那就是日本的用人惯例（日本式管理）。

以大型企业和政府机构为代表的日本各企事业单位采用的管理制度是终身雇佣制和年功序列制，这些特有的日本式用人惯例过去被视为日本强大经济实力和竞争力的源泉，享誉世界。然而，随着经济环境的改变，有人指出日本式用人惯例这汪"宝泉"已经接近枯竭，非但不能给日本经济注入活力，反而会让其变成一潭死水，滋生了"劳动生产率低下"和"非正式员工增加"等问题。

让我们来了解一下日本式用人惯例有哪些具体体现。

日本式用人惯例体现为如下三种制度：终身雇佣制、年功序列制和企业工会制。这三种制度形式被称为日本企业管理的"三大神器"，接下来我将对它们逐一进行讲解。

首先是终身雇佣制。终身雇佣指的是长期、稳定的雇佣关系，单从字面上看，容易被理解为一种保障员工从录用到退休、终生不被解雇的制度，然而事实并非如此。严格来说，日本既没有这样的雇佣合同，也没有能够保障上述权益的相关法律。但即便如此，终身雇佣制仍被视为日本用人惯例的一大特征，这是因为对许多日本人来说，他们的大半个职业生涯都是在一家公司或企业集团度过的。

实际上，有多少人是在一家企业干到老的呢？如

¥ 低薪困境

图 3-10 所示,根据日本厚生劳动省的调查,2016 年时,那些从青年时期入职起,就一直待在原来的单位干到老的人里,大学学历的有五成左右,高中学历的有三成左右;1995 年的时候,大学学历的有六成左右,高中学历的有四成左右。由此可知,从长期来看,终身雇佣的员工比例在逐渐下降。

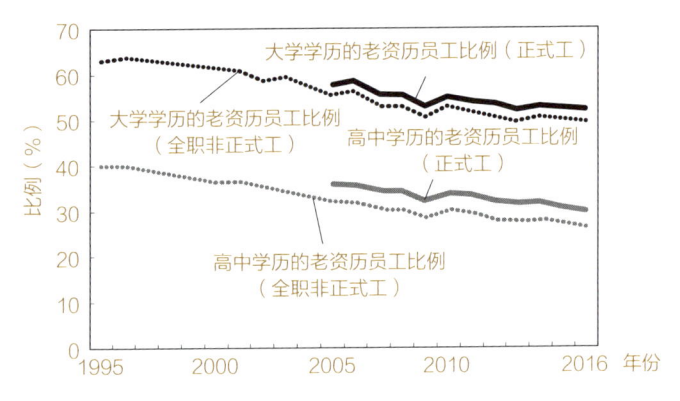

图 3-10　1995—2016 年日本老资历员工比例的推移

资料来源:日本厚生劳动省职业稳定局《关于我国结构问题、用人惯例等的调查》。

另外,不同行业和学历下的老资历员工比例也存在很大差异。大学学历的老资历员工中,从事金融、保险业的比例最高，接近八成；高中学历的老资历员工中，从事制造业的比例最高，约有五成。值得一提的是，从事医疗、社会福利行业的老资历员工比例不管在高中学历还是大学学历的人员当中都很低。

其次是年功序列工资制。年功序列工资制是指员工薪资水平随其年龄和工龄的增加而逐年上涨的机制。图3-11描绘的是工资曲线，一般用于评价员工的年功薪资，横轴代表年龄，纵轴代表薪资水平，工资曲线体现

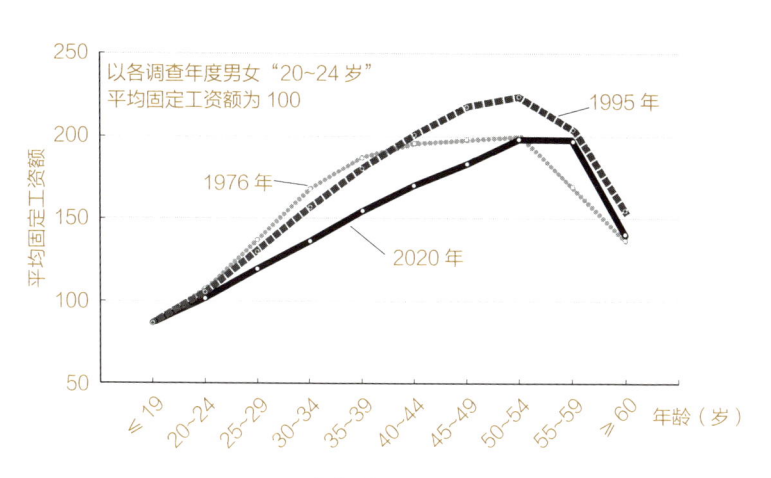

图 3-11 各年龄段男性的工资曲线

资料来源：日本厚生劳动省《薪资结构基本调查》。

的就是二者之间的关系。

从图中可以看到，随着年龄增长，男性薪资水平也逐渐上升。不过，这些年的工资曲线与以前相比，上升趋势变得稍微平缓了。

当然，全世界并非只有日本采用工资与工龄成正比的薪资制度，其他发达国家中也有不少是由工龄决定工资水平的，只不过相比起来，日本的工资曲线坡度更陡。

"延期支付理论"是解释年功序列工资制之经济合理性的一个假说，由美国斯坦福大学经济学教授爱德华·拉泽尔❶提出。这位著名的劳动经济学家认为：在劳动者年轻的时候，雇主向其支付低于其所创造财富价值的工资；等到劳动者年纪大了以后，则向其支付高于其所创造财富价值的工资——这样的延期薪酬可以激励劳动者，提升他们的工作责任心。

最后来说说企业工会制。从本质上讲，工会就是劳

---

❶ 爱德华·拉泽尔（Edward Lazear），是美国经济学家、管理学大师，公认的人力资源管理学科开山鼻祖，在西方学界被誉为"管理经济学之父"。——译者注

第三章
企业经营与劳动力——不愿意把钱花在"人"和"物"上的国家

动者们自发联合起来,为争取改善报酬和工作时间等劳动条件而组建的团体。

日本的工会基本上是以企业为单位组建而成的,这是它的一大特征。欧美国家就不是这样,他们的工会组织多是以职业、行业大类为单位结成的。举个例子,日本的各家汽车生产商都有各自独立的工人协会,而美国的诸如通用、福特等汽车厂商的劳工则共属于"全美汽车工人联合工会"。

日本以企业为单位组建工会,这种形式有利有弊。好处是,工会可以根据企业的实际情况开展劳资谈判,更好地为工人争取权益;经营者也只需要应对单一工会的交涉,因此可以将劳资谈判的成本降到最低。坏处是,工会处于企业框架的管制内,与其他协会组织关联薄弱,在谈判桌上讲话时硬气不起来。后来,为了弥补这一缺陷,各企业工会联起手来,发起了名为"春斗[1]"的共同

---

[1] 春斗是指在日本每年春季举行的劳工为了提高薪资与改善工作条件而发动的劳工运动,也被称为"春季生活斗争""春季斗争""春季集体协商"。——译者注

行动。在经济高度成长期，日本工会每年都会通过春斗的形式向企业要求加薪。

● 日本式用人惯例的背景

日本式用人惯例是何时形成，又是如何形成的呢？

很多人以为日本的企业与员工之间维持长期雇佣关系是由来已久的一种固有制度，其实不然。

学界对于日本式用人惯例的起源见解不一，但普遍认为，它是在第二次世界大战后的经济高速增长期在全国范围内普及和成形的。虽然第二次世界大战前政府机构和财阀企业的高级干部也有过长期雇佣的用人惯例，但一般的劳动者却不在此范围内。那时候，手艺精湛的工匠们为了寻找能发挥一技之长的工作场所，好让一身本领有用武之地，通常会选择在各处工坊之间游走。实际有研究报告指出，第二次世界大战前日本的劳动力市场跟美国一样，流动性非常大。

那么，为什么日本式用人惯例会在经济高速增长期被普及到国内所有行业呢?

这得从当年的持续高速经济增长和人口结构说起。

第二次世界大战后,日本为了追赶上美国和欧洲等发达国家的发展水平,咬紧牙关奋起直追,实现了令人惊叹的经济增长。从 1955 年到 1970 年前后,日本经济的增长率达到了年平均 10%,仿佛坐上了过山车一般。1960 年池田内阁推出了一项长期经济计划,宣布要在 10 年内让国民生产总值(GNP,1992 年前使用的经济指标)翻一番,把国民生活水平提升到跟欧美发达国家同等档次,结果只用了 7 年就达成了这个目标,可见当时日本经济发展有多么迅猛。

在这样的势头下,日本国内企业迎来了快速、持续的成长扩张,劳动力需求急剧增长,企业规模不断扩大。企业把全部精力放在了招收劳工和稳岗培训上,根本无暇对人员结构和雇佣关系进行梳理优化。这就使得就业者们产生了一种错觉,以为只要一经雇佣,便算是端上了铁饭碗,能够安安稳稳地一直干到退休。"找到工作即可高枕无忧"的观念由此诞生,并在不知不觉间固化为

低薪困境

一种社会共识,最终形成了如今的终身雇佣制。

每年,平均收入水平的提升会带动薪资上涨,员工经过岗内外培训增强了个人技能,也能带来升职加薪,这些自然会使得工龄越长的员工工资越高,年功序列工资制成为常态。

除了持续高速经济增长,另一个促进日本式用人惯例普及的因素就是充足的青年人口。为了应对不断扩大的用人需求,企业必须经常雇佣新的劳动力,而能够满足这一点的正是青年就业者。当时日本的青年劳动力资源非常丰富,所以企业会定期大量招收当年的应届毕业生——这就是现在的"新生统一录用[1]"活动的起源。

不考虑经济不景气等情况,新生统一录用的招聘形式保证了大部分学生一毕业就能找到工作,有效抑制了青年人口失业率的上升,维护了社会稳定。

---

[1] 新生统一录用,指企业每年于固定时期统一招录应届毕业生(包括预备毕业生)。企业根据学生在校期间参加的招聘考试成绩内定人选,学生毕业后会立即招其入职。企业内部也称之为"定期录用"。——译者注

最后，人力资源投资也是支撑日本式用人惯例的一个重要因素。以长期雇佣为前提，企业也会站在长远的角度来进行人才培育，这对于企业特殊技能储备和企业文化培养都大有裨益，并且进一步稳固了长期雇佣关系。

● 日本式用人惯例已经失去了效力

在经济形势大好、人口结构年轻的环境下，终身雇佣制和年功序列制等日本式用人惯例从经济上来讲是合理的，因此它们也成了誉满全球的日本式管理的优势所在。日本式用人惯例保证了低失业率，为塑造良好的劳资关系做出了巨大贡献，是个好东西。

可是，时代发展到今天，日本式用人惯例已经显得落伍了。原因很简单：支撑它们的前提条件变了。

图 3-12 展示了日本经济增长率的推移。在经济高速增长期，日本经济的年增长率高达 10% 左右；20 世纪 70 年代初的石油危机过后，增长速度慢了下来；90 年代初，泡沫经济破灭，从此直到 2010 年代前半段，

日本经济陷入长期停滞。这段时期甚至还被冠以"失去的 20 年"的称号。这样一来，日本式用人惯例的前提条件之一——持续高速经济增长这根支柱倒下了。

在此期间，日本少子老龄化趋势加剧，人口结构也发生了巨大转变。

包括日本在内的多数国家将 65 岁以上的人口定义为老年人。自 1950 年以来，日本老年人数量便一直处于增加状态（图 3-13）。1960 年的老年人口是 535 万，到了 2021 年，增加到了 3621 万。老年人占总人口的比例，从 1960 年的 5.7% 上升到了 2021 年的 28.9%。如今，日本大约每 3.5 个人里就有 1 个老人。另外，2021 年各国老年人占该国总人口的比重，日本居全球首位，为 28.9%；其次是意大利，为 23.6%；葡萄牙第三，为 23.1%。

与老年人相反，日本 15 岁以下的青少年人口则是呈递减趋势。1960 年，15 岁以下的人口数量为 2843 万，占总人口比例为 30.2%；到了 2021 年，减少至 1478 万人，占总人口比重也下跌至 11.8%，刷新历史

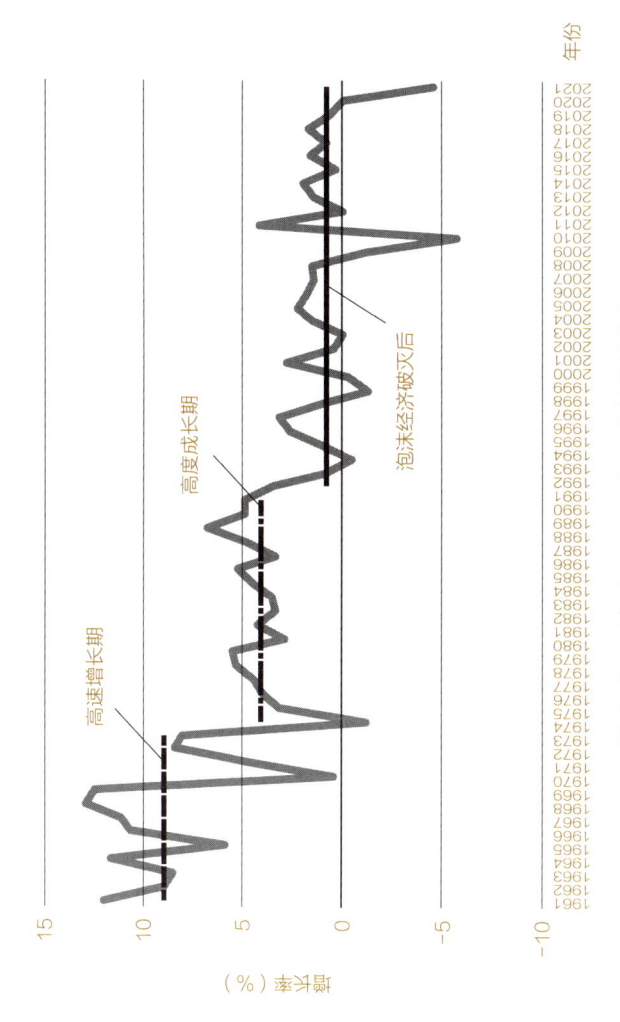

第三章
企业经营与劳动力——不愿意把钱花在"人"和"物"上的国家

图 3-12　1961—2021 年日本的经济增长率

资料来源：日本内阁府。

¥ 低薪困境

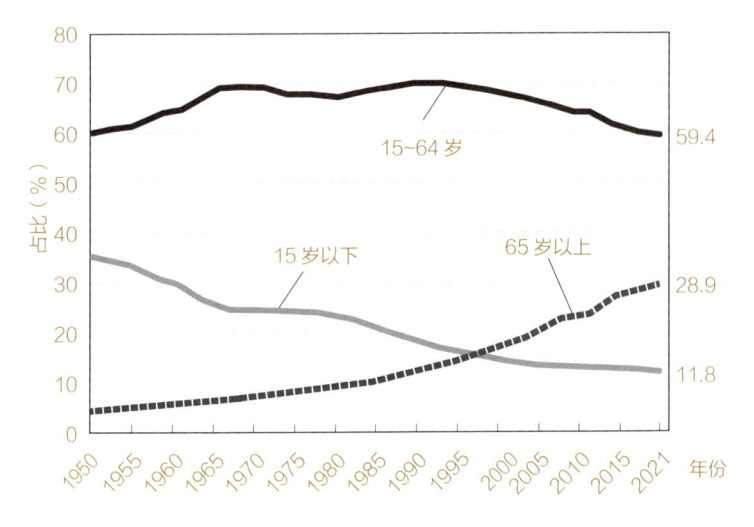

图3-13　日本不同年龄层人口比例的推移

资料来源：日本总务省统计局。

最低纪录。

20世纪90年代后期，日本的老年人口数量逐渐超过青少年人口，这意味着日本式用人惯例的另一个前提条件——青年劳动力资源丰富的年轻型人口结构也宣告崩塌。

除此之外，20世纪90年代以来，经济全球化使得日本与新兴市场国家之间的竞争变得越发激烈，IT（信息技术）产业不断取得新的技术进步，这些都给日本经济造成了巨大影响。此外，女性就业的增加，也令劳动力市场变得多样化。

在这样的背景下，传统的家庭分工模式（丈夫作为一家之主外出工作挣钱养家，妻子作为全职太太洗衣做饭操持家务）这种标准的性别角色概念已经越来越淡化。以前，妻子全心全意做家庭主妇是社会主流，直到20世纪90年代后期，夫妻共同上班赚钱的家庭数量才逐渐超过男主外女主内的家庭数量，并始终保持着这一趋势。2021年，日本男女分工家庭的数量是566万户，而双职工家庭数量是其两倍以上，为1247万户（图3-14）。

综上所述，日本式用人惯例的前提条件——持续高速经济增长和年轻型人口结构相继湮灭，再加上就业趋势发生巨变，日本式用人惯例因此失去了它的合理性。

在考虑雇佣问题的时候，不要忘记经济学中很重要的一个概念，即雇佣是生产的衍生需求。企业主雇人干活，是为了扩大生产或服务规模，不是为了搞慈善、做公益。换言之，是先有"生产"，再有"雇佣"。所以我

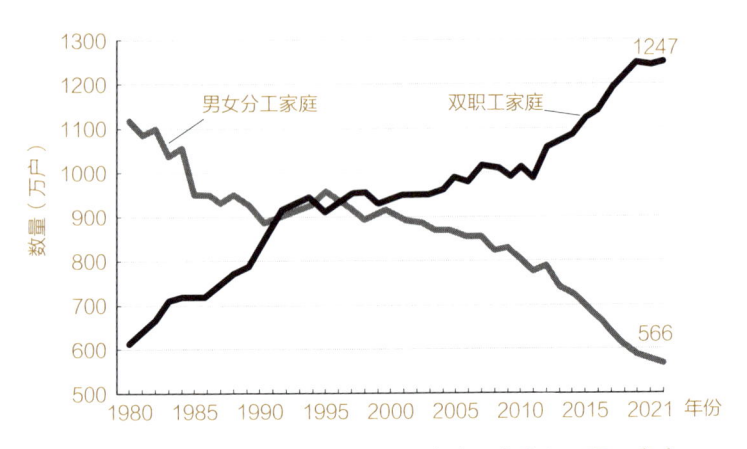

图 3-14　1980—2021 年日本男女分工家庭和双职工家庭数量的推移

资料来源：日本劳动政策研究·研修机构。

们说雇佣是生产的衍生需求。

由于雇佣是生产的衍生需求，因此企业的生产结构自然就取决于劳动力情况。也就是说，一旦经济结构和社会结构发生变化，那么用人惯例和劳动力市场也不得不做出改变。

终身雇佣制和年功序列制等日本式用人惯例的优势只是昔日光辉，现如今，支撑它们的前提条件都已经不再成立，其经济合理性成了一纸空谈，再也不能发挥实际作用。按理说，经济环境变了，用人惯例本应跟着改变，但日本却守着过去的特殊用人惯例不变通，这才引发了劳动力市场的诸多矛盾和问题。

在日本式用人惯例中，理想的劳动形态是"男人做正式工作，女人当家庭主妇"。言下之意，老年人、女性和非正式员工均不在劳动者的范畴之内。很显然，如果日本继续维持这种旧式的用人惯例，不仅老年人更难就业，那些想要工作赚钱的女性也会难以兼顾家庭，正式员工与非正式员工之间的收入差距将越来越大。甚至，正式员工们也无法独善其身——作为受益于终身雇佣制的代价，他们不得不忍受长时间无限期加班和工作调动。落后的雇佣模式终于显露出了弊端。对旧式用人惯例的刻板沿袭和雇佣模式的僵化，变成了一道沉重的枷锁，牢牢锁住了日本劳动生产率前行的步伐。

● **僵化的劳动力市场**

终身雇佣制和年功序列制等日本式用人惯例使得日

低薪困境

本的劳动力市场日渐僵化。那么,日本的劳动力市场具体僵化到了何种程度呢?

"转职率"是衡量劳动力市场流动性的一个常用指标。图 3-15 展示了转职者人数和转职者比率的变化历程。这里的"转职者"指的是目前在职的、过去一年内有过离职经历的人。转职者比率指的是转职者人数占就业总数的比例。

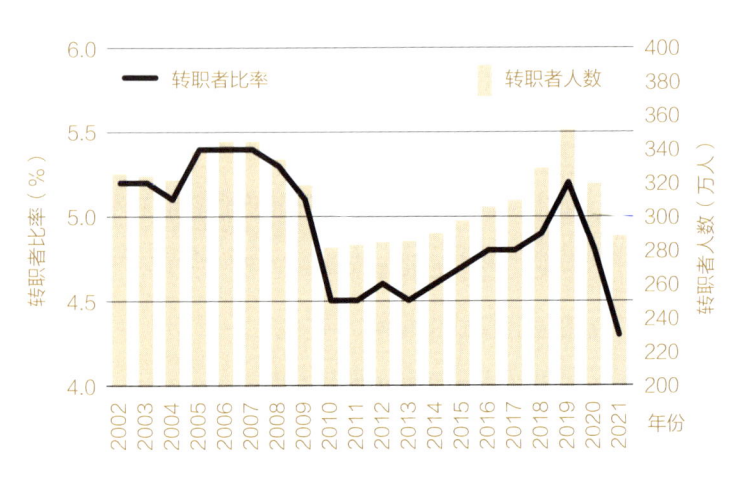

图 3-15 2002—2021 年日本转职者人数与转职者比率的推移

资料来源:日本总务省《劳动力调查》。

转职者人数曾在雷曼事件引发的经济萧条时期大

幅度减少，随后不断增加，截至 2019 年，达到了历史最高的 353 万人。不过，2020 年又开始连年减少，于 2021 年缩减至 288 万人。

转职者比率的走向也差不多，2019 年为 5.2%，2021 年下降至 4.3%，为历史最低，从 2002 年到 2021 年的平均值为 4.9%。

让我们来对比一下劳动力市场流动性较大的美国。一般情况下，美国人在大学毕业后的头几年里会经历数次跳槽，然后在职场稳定下来，长期工作下去。根据美国劳动统计局的数据，在美国劳动者的整个职业生涯当中，平均会跳槽 11 次，其中有半数是在 18~24 岁这一较为年轻的时期内完成的。

美国盛行一种叫作"职业转移"（Job to job transition）的转职方式，员工不经历离职，可直接过渡到下一份工作[1]。有数据指出，2008 年国际金融危机过后，美国的职业转移率较以往有所下降，即便如此，每

---

[1] 有关职业转移率的数据可参照 Fallick and Fleischman（2004）。

月平均转职率还是有 2% 左右，由此可见，日本的转职率（年平均 5% 以下）跟美国相比有多低。

再来比较一下两国的平均工龄，日本是 11.9 年，而美国只有 4.1 年，日本是美国的大约 3 倍❶。

除了转职情况，我们还应该关注劳动者的动向，也就是劳动力市场的流动性。

劳动力市场里的劳动适龄人口可分为三种状态："在职的就业状态""正在找工作的失业状态""无工作意愿的退出劳动力市场状态"。在这三种状态之间转换的劳动适龄人数被称为"劳动力流动度"。

从过去 30 年的数据来看，日本的劳动适龄人口里，每月大约有 3% 的人在转换劳动力状态。相比之下，美国每月则有 6.5% 的人在转换劳动状态。单从这一点也

---

❶ 劳动政策研究·研修机构 *Databook of international labour statistics*（2022）。

能看出，日本的劳动力市场相较于美国有多么僵化❶。

另外，关于日美两国在职率和离职率的月平均值，日本的在职率和离职率分别是 14.2% 和 0.4%，相比之下，美国的在职率和离职率分别是 25%~32% 和 3%~5%。与美国相比，在日本失去工作的概率非常低，反过来说，人们在日本找到工作的概率也很低。换言之，在日本，只要你找到了工作，便很难失去它；而一旦你失业，又会很难找到新的工作。

说到这里，我们不禁要问：为什么美国人跳槽如此频繁呢？其实，一个很重要的原因就是，他们把转职当作丰富个人履历、提高能力水平的一种手段。

最近，我们经常可以听到"Job 型雇佣"和"Membership 型雇佣"这两个词。日本的雇佣模式就属于 Job 型，而美国的雇佣模式则属于 Membership 型。

Job 型雇佣和 Membership 型雇佣的一大区别就在

---

❶ Lin, Ching-Yang, and Hiroaki Miyamoto. 2012. "Gross worker flows and unemployment dynamics in Japan." Journal of the *Japanese and International Economies*, 26(1):44-61.

于，是以"人"为主体还是以"工作"为主体。

在 Job 型雇佣模式中，是以工作为主体。企业先有工作岗位，然后再找到一个拥有足以承担这项工作的技能和经验之人，聘用其负责这项工作。具体的工作内容和工作范围，在职位描述中会被明确规定。

与之相比，Membership 型雇佣模式则是以人为主体。企业首先录用某人，然后再给其分配工作。企业先把人招进来以后，便可以根据需要给他安排或调换岗位；对于员工来说，岗位间的人事调动可以使其参与多种不同职务，由此提高个人的职业技能和工作水平。

在 Job 型雇佣模式中，完成某项工作所必需的技能和能力是固定不变的，所以即便在同一个岗位上做得再长久，也很难提高自己的个人能力。在美国，大多数人为了成为劳动市场所需的人才，选择不断换工作，以寻求更能提升自我的职场环境。

此外，也有的人是为了改善待遇而选择转职的[1]。实

---

[1] 转职宏观经济学的相关研究详见向山（2022）。

际上,许多美国劳动者转职后的薪资待遇都比之前高了不少。有研究结果表明,美国青年男性职业生涯前十年的工作收入提升约有四成得益于转职❶。另有研究指出,从职场环境、通勤便利度,到工作强度、危险度,以及其他福利待遇,转职后的职场在各个方面都要优于"前任"❷。

● 日本的用人惯例已开始松动

日本式用人惯例"大限将至"。

像过去那样在同一家公司或同一个行业干一辈子的想法,正变得越来越不现实。日本厚生劳动省为了调查青年劳动者的雇佣情况和就业意识,每 5 年会开展一次《青年劳动力实际雇佣情况调查》。根据 2018 年的调

---

❶ Topel, Robert H., and Michael P. Ward. 1992. "Job Mobility and the Careers of Young Men." *Quarterly Journal of Economics*, 107(82):439–479.

❷ Sorkin, Isaac. 2018. "Ranking Firms Using Revealed Preference." *Quarterly Journal of Economics*, 133(3):1331–1393.

低薪困境

查结果，至今仍在第一次入职的公司工作的青年劳动者（15~34岁）数量占就业总数的50.9%。这表示，有近一半的劳动者有过转职经历。另外，按不同学历的所占比例来看，学历越高的人，越有可能留在第一次入职的公司长干。不过，单看大学生的比例，也有36.7%的劳动者已经离开了第一次入职的公司，另谋高就了。

变化还出现在大学生的就业观上。根据《日本经济新闻》于2021年面向即将开展求职活动的大学生群体实施的一项问卷调查，约四成大学生表示会把换工作当作求职的前提来考虑❶。该调查中有一个问题是："打算干多长时间再换工作？"在这个问题下，有12%的受访者回答"3年以内"，34%的受访者回答"5年以内"。由此可见，如今这个时代，入职一家好企业并不意味着从此高枕无忧，现在的许多年轻人在毕业求职阶段选择自

---

❶ 日本经济新闻：《四成考虑换工作〈大公司也不安稳〉求职大学生独立调查》，2021年2月28日。

己的第一家公司时就已经在考虑几年后的职业提升了。或许，这是因为越来越多的年轻人开始意识到，在一棵树上吊死太危险了。

另外，雇佣模式也正在变得多样化。在日本式用人惯例下，"男人做正式工作，女人当家庭主妇"是标准的就业形式。但现在，非正式员工占就业人口总数的四成，女性和老年人占就业人口总数的五成。

面对如此现状，企业方也开始重新审视旧有的日本式用人惯例。2019年，日本经济团体联合会发表公告称，今后日本企业恐怕难以继续维持终身雇佣制度，因此要重新审视现有的雇佣模式❶。另外，被认为是践行日本式用人惯例方面最具代表性的企业——丰田汽车公司也表示要从2021年起改变原来的年功序列工资制，在举行定期加薪时，不再像原来那样给全体员工一律按照统一的标准加薪，而是要根据个人评价进行判断。

---

❶ 日本经济团体联合会：《2019年版 经营劳动政策特别委员会报告》，2019年1月。

¥ 低薪困境

● 工会职能弱化

另一个值得关注的问题是,企业工会的入会率越来越低,存在感越来越弱。

图 3-16 展示了工会入会率的变化。企业工会的入会率在 1949 年的时候达到了顶点,为 56%,随后便一路下跌。1980 年左右降至约 30%,2000 年代初跌破

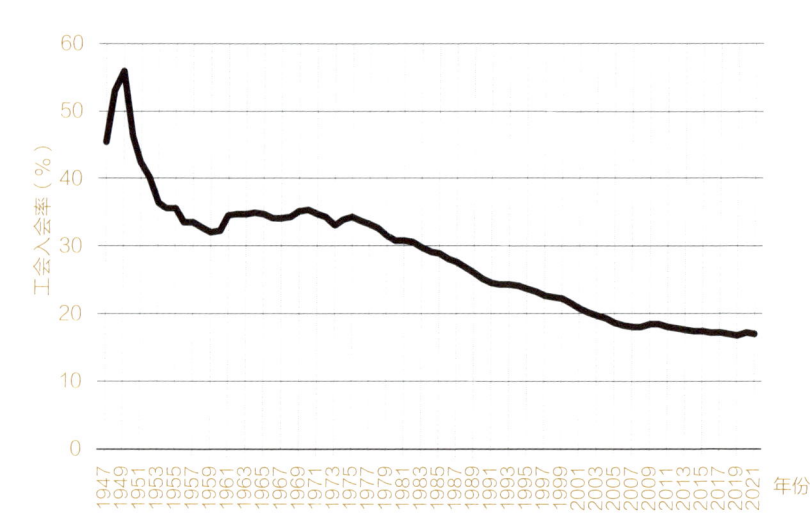

图 3-16　1947—2021 年日本工会入会率的推移

资料来源:日本厚生劳动省《工会基础调查》。

20%，2021年继续降至16.9%。

不过，工会入会率低的并不只有日本。从1990年到2020年，其他发达国家的工会入会率同样在降低，比如美国的工会入会率就从16.1%降到了10.8%，英国的工会入会率也从38.1%降到了23.4%。

工会的一个重要职能是代表工人利益与企业进行劳资谈判，在这方面，日本的工会表现远不如其他国家。日本独立智库瑞可利职业研究所曾对日本、美国、法国、丹麦、中国等国的民营企业中30~40岁的具有大学学历的员工做过一项调查，询问他们是否同当地的工会一起跟企业进行过集体谈判，以决定他们的薪资待遇，结果日本受访者中回答"是"的人数只有20%，为各国最低[1]。

日本以企业为单位组建工会，这种形式的好处是，工会可以根据企业的实际情况开展劳资谈判。但是，一旦企业出现收益赤字，无法存活下去，届时连稳定的雇

---

[1] 瑞可利职业研究所（2020）：《五国关联调查》。

佣关系都保证不了，工会的日子也不会好过。近年来，日本工会组织的职能越来越弱，他们开始优先考虑"稳岗保命"，对企业不给职工加薪的行为睁一只眼闭一只眼。另外，如今兼职劳动者日渐增加，但工会却很少吸纳他们入会。凡此种种，真的很难说日本的企业工会会回应劳动者的需求，以保障职工们的权益。

第四章

摆脱"不成熟的资本主义"的方法

第四章
摆脱"不成熟的资本主义"的方法

● 史无前例的经济停滞——要如何改变"吊车尾的日本"？

全球各国的通货膨胀都在加剧，如果日本的薪资水平还是维持原样，那么日本将举国陷入贫困。前文中已经多次强调过，日本的薪资水平在过去 25 年间几乎毫无变化，而其他发达国家却有了大幅度提升。此消彼长之下，日本成了发达国家行列里的"吊车尾"。

企业提薪与否，是一种经营判断，其根本在于其对劳动生产率和经济形势的预测。日本的薪资水平之所以上不去，最大的原因是劳动生产率低迷，导致经济前景不明朗。换言之，要想提高薪资，就得提高劳动生产率，扫除阴霾，拨云见日。简单来说就是四个字：发展经济。

25 年来，日本的薪资水平始终停滞不前，说明日本经济已经"面露死相"。面对外部环境日新月异的变化，日本却不思进取，不进行自我革新。企业经营者对产业数字化和人力资源投资不屑一顾，一味地"开慢车、走稳路"，缩手缩脚，畏首畏尾，哪里还有半点改革创新精神？到头来，劳动生产率这台"引擎"熄了火，日本经济就"抛锚"了30年。

要想打破这种闭塞状态，日本要加强劳动力市场的流动性，促进经济的新陈代谢。日本的劳动力市场因为某些特殊用人惯例的存在，使得市场本身的机制没能有效发挥作用，而这样的现象并不仅限于劳动力市场。日本的资本主义是"不彻底"的资本主义，日本经济市场中的竞争算不上"真刀真枪"的竞争。

缺乏竞争的一大原因在于政府的施政不当。日本以往推行的经济政策，如地方金融、中小企业扶持政策等，都具有迟滞新陈代谢、阻碍市场竞争的弊端。此外，近年来实施的大规模金融缓和政策和大型财政支援更是导致经济环境"过度温和化"，造成本来因生产力不足而无法在市场上生存的企业也可以继续存活的局面。

今天，我们真正要做的只有一件事，那就是遏止日本经济长期以来的衰退，让它重新回到发展的轨道上，打造一个充满竞争的市场环境，鞭策企业增加产值，以此提高生产力，推动经济增长。在这最后一章里，让我们一起来思考，如何开创一个更好的未来。

● 挽救"一亿贫民国"的良药是"生产总值"

要想提高整个经济体的生产效率，日本有两条路可走：一是设法提高各企业的生产效率；二是完善市场的竞争机制，让生产力高的企业发展壮大、生产力低的企业淘汰出局。这样，日本就能提高经济整体的生产效率。

要怎么做才能提高各企业的生产效率呢？

我们知道，劳动生产率等于生产总值除以劳动投入量。既然如此，要想提高生产率，要么增加生产总值，要么降低劳动投入量，要么双管齐下。

在第三章中我们已经了解到，低生产率是由于企业疏于对物质资本和人力资本投资所致。所以，要想提高生产率，日本必须推进产业数字化，同时加大对人力资源的投资；在推进数字化之际，不应简单地停留在装备计算机等硬件或导入财务系统等软件上，还要改善整个组织内部的管理模式，以便更好地发挥这些工具的优势。

在这方面，经营者的能力至关重要。企业采取何种经营模式，受外界经济状况和市场动向的影响很大。因此，我们往往很难客观地衡量一位经营者的管理水平。但是，有研究指出，经营者的个人能力的确会左右企业生产效率的高低[1]。具体来说就是，经营者的能力越强，企业的生产率越高。

面对日本经济长期停滞、国内市场规模因人口减少而不断萎缩的现状，许多企业经营者对今后的市场环境

---

[1] Bloom, Benn Eifert, Aprajit Mahajan, David McKenzie, and John Roberts. 2013. "Does Management Matter? Evidence from India." Quarterly Journal of Economics, 128(1):1-51; Bloom, Nicholas, and Van Reenen. 2007. "Measuring and Explaining Management Practices Across Firms and Countries." *Quarterly Journal of Economics*, 122(4):1351-1408.

持悲观态度。然而，说句不客气的话，作为企业的最高管理者，持这种消极的经营态度，本身就是一种失职。一位合格的经营者，无论身处怎样恶劣的环境，都要能做出正确判断，带领企业走出困境。

可是，日本的经营者却对自己公司的未来发展没有信心，这一点远逊于国外。究其原因，日本的企业经营者中鲜有长于经营战略之人，更多的是从公司内部竞争中存活下来的、论资排辈说话更有分量的人。这样的人或许懂营销、懂技术，但对经营企业却是一知半解。

从图 4-1 中可以看到，日本有 97% 的企业经营者是通过内部晋升坐上了如今的位置，更有 82% 的人不具备经营企业的经验。与海外各国相比，资历老的经营者所占比重大，不具备相关经验的经营者比例更是显著地高。此外，有调查结果表明，国外的企业经营者大多具有国际化的管理经验，相比之下，日本的经营者更多地专注于国内领域，缺乏全球视野。

¥ 低薪困境

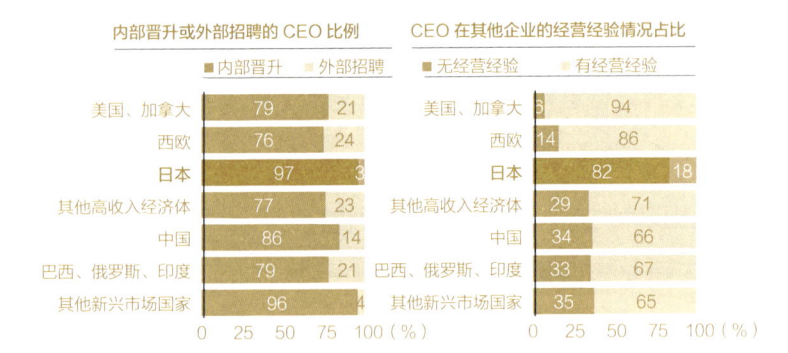

内部晋升或外部招聘的 CEO 比例	内部晋升	外部招聘
美国、加拿大	79	21
西欧	76	24
日本	97	3
其他高收入经济体	77	23
中国	86	14
巴西、俄罗斯、印度	79	21
其他新兴市场国家	96	4

CEO 在其他企业的经营经验情况占比	无经营经验	有经营经验
美国、加拿大	6	94
西欧	14	86
日本	82	18
其他高收入经济体	29	71
中国	34	66
巴西、俄罗斯、印度	33	67
其他新兴市场国家	35	65

图 4-1 各国 CEO 背景

注 其他高收入经济体：阿根廷、澳大利亚、巴林、智利、匈牙利、新西兰、波兰、韩国等。
其他新兴市场国家：埃及、哈萨克斯坦、墨西哥、尼日利亚、南非、土耳其、越南等。

资料来源：《2018 年 CEO 继任调查》。

如今，日本企业还在采用内部晋升的选拔方式，按照年功序列来提拔人选坐上领导者的位置。面对日益激烈的国际竞争，日本的企业经营者却多是缺乏全球化经验的门外汉，像这样，由不懂经营战略的人来执掌企业的事例并不在少数。要想帮助日本经济重振雄风，必须让此类"无能的"经营者退位让贤，请真正的有能之士来担当企业的掌舵人。是否要对物质资本和人力资本进行投资，以提高生产效率，决策权在经营者手上。如果企业的最高管理者采取的是积极的经营态度，从长远来看，就必然可以提高企业的生产总值，进而让日本经济重获新生。

● 让劳动力市场彻底流动起来

要想提高劳动生产率，必须保证整个经济的新陈代谢正常进行，即让生产力高的企业进来、生产力低的企业出去。此外，实现劳动力的量才录用、保证劳动力资源有效分配也十分重要。

达到了这几点，才称得上流动的劳动力市场。数据显示，劳动力市场的流动性越强，该经济体的生产力越高（图4-2）。

当然，加强劳动力市场流动性带来的好处不只是提高劳动生产率。我们知道，公共投资等财政政策有助于增大生产和企业规模。国际货币基金组织的一项调查研究显示，劳动力市场的流动性越大，此类政策效果越

低薪困境

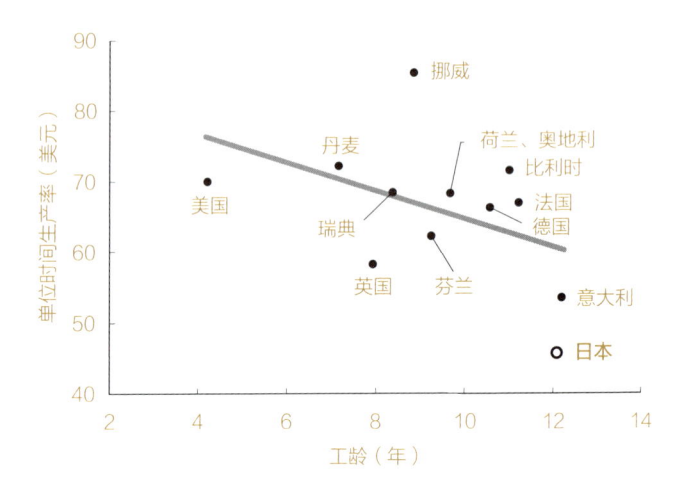

[图表:各国单位时间生产率（美元）与工龄（年）的散点图,标注国家包括美国、丹麦、瑞典、英国、芬兰、挪威、荷兰、奥地利、比利时、法国、德国、意大利、日本]

图 4-2　各国劳动力市场的流动性（工龄）与生产率的关系

资料来源：依据 OECD 等组织的数据制成。

佳[1]。财政政策重在如何将有限的预算进行有效的运用，也就是"钱要花在刀刃上"。凭这一点来说，打造一个流动的劳动力市场是很有必要的。

那么问题来了，何为流动的劳动力市场呢？所谓流动的劳动力市场，并不只是劳动力资源的移动更加活跃

---

[1] Cacciatore, Matteo, Romain Duval, Davide Furceri, and Aleksandra Zdzienicka. 2021. "Fiscal Multipliers and Job Protection Regulation." *European Economic Review*, 132(C).

第四章
摆脱"不成熟的资本主义"的方法

那么简单，它还意味着在这个市场里的劳动者拥有充分的转换自由。

也许有人会担心，劳动力市场流动起来将使雇佣关系变得不稳定。人人都可能轻易被解雇，这对劳动者十分不利。但事实正好相反。一个可以给劳动者提供更多就业机会的、流动的劳动力市场，其实更有利于个人实现最佳职业发展。

身处流动的劳动力市场中，并不意味着人们就得频繁地转换劳动状态。相信有不少人希望像过去那样，在大学毕业后找到一份合适的工作，在同一家公司里长期干下去。这种职业规划也是完全可行的。只要劳动者自己愿意，一个流动的劳动力市场绝不会否定这一点。

在流动的劳动力市场中，个人可以根据自己的生活方式自由地改变工作模式。这对劳动者来说，具有重大积极意义。这样的劳动力市场，也可以被称为活跃的劳动力市场。

日本 PERSOL 综合研究所针对包括日本在内的亚太地区民众的就业情况和就业意识开展过一项调

查（图4-3），调查结果令人大跌眼镜。从统计图中可以看到，在日本的就业者中，想在当前单位继续工作下去的人占受访者总数的52%，而有转职意愿的人只占25%——这两项数据在所有国家（地区）中都是最低的。尽管有近半数劳动者不愿意在当前职场继续干下去，但却没有几个人想换工作，这就是日本的就业现状。

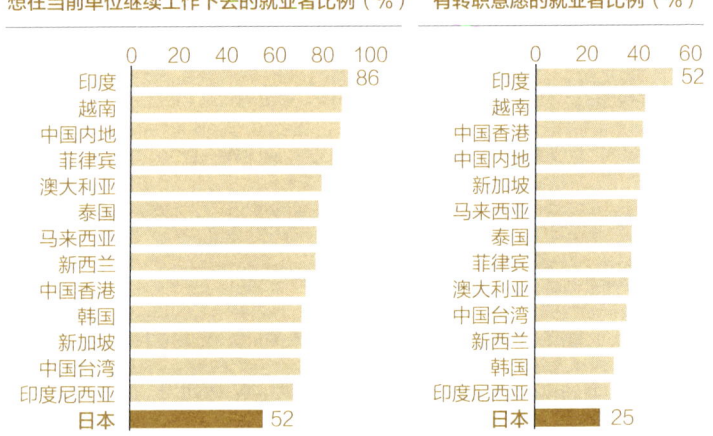

想在当前单位继续工作下去的就业者比例（%）

国家/地区	比例
印度	86
越南	
中国内地	
菲律宾	
澳大利亚	
泰国	
马来西亚	
新西兰	
中国香港	
韩国	
新加坡	
中国台湾	
印度尼西亚	
日本	**52**

有转职意愿的就业者比例（%）

国家/地区	比例
印度	52
越南	
中国香港	
中国内地	
新加坡	
马来西亚	
泰国	
菲律宾	
澳大利亚	
中国台湾	
新西兰	
韩国	
印度尼西亚	
日本	**25**

图4-3 不同国家（地区）就业意识的比较

资料来源：PERSOL综合研究所《APAC就业状况与成长意识调查（2019年）》。

日本人的这种就业观，很可能是源于劳动力市场的僵化。在日本，企业与劳动者的职业匹配大部分是在新生统一录用阶段一次性完成的。现实情况是，如果最初的匹配不尽如人意，人们也很难把握住下一次工作机会。另外，不少劳动者是在入职后才发现工作和职场并不如自己想象中的那样令人满意，但由于劳动力市场的流动性差，对于个体而言，重新找工作、学习新的职业技能都绝非易事。因此，人们只好选择将就，继续依附于现有的职场。

● 劳动力市场的流动化不可避免

要想打破这样的僵局，必须让劳动力市场流动起来。不过，一个流动型劳动力市场的重要性，并不仅仅体现在增强日本经济竞争力和提高生产率上。

面对外部环境日新月异的变化，不管我们愿不愿意，日本都必须改变以往的劳动模式和用人惯例。

正如前文所述，这是因为"雇佣是生产的衍生需求"。先有生产活动，然后才有雇佣行为。所以，一旦经济和社会结构发生变化，对生产活动造成了影响，那么用人惯例、劳动模式，甚至劳动力市场本身的存在形式都要随之改变。

当下，日本经济正面临四大全球趋势变化：人口结构变化、人工智能和自动化等科技进步、为应对气候变暖而提出的绿色产业化、全球化。面对世界潮流变化，日本迫切需要一个流动的劳动力市场。为什么这么说呢？在回答这个问题之前，我们有必要先简单介绍一下上述四大新趋势。

● 改变世界的四大全球趋势

首先来看人口结构的变化。随着老龄化加剧，日本的人口正在不断减少。2008 年，日本人口总数达到了大约 1 亿 2800 万的巅峰，随后开始持续减少。2021 年，总人口缩减至大约 1 亿 2550 万人，比上一年减少了 64.4 万人。

根据日本国立社会保障人口问题研究所的推算，日本的人口总数预计将于 2050 年减少至大约 1 亿 1920

万，于 2065 年减少至大约 8800 万。也就是说，未来 40 多年消失的人口数量相当于现在加拿大的总人口数量。毫无疑问，这将对日本经济和社会造成巨大影响。

关于人口老龄化，目前 65 岁以上老年人的总人口占比是 28.9%，相当于每 3.5 个国民里就有 1 个老年人。日本现在已经是世界排名第一的老龄国家了，而今后这个数字还会继续上升，预计到 2060 年，老年人比例将会逼近四成。毫不夸张地说，在不远的将来，站在日本街头，目光所及之处将有很多白发苍苍的老人。

虽然被统称为"老年人"，但 65 岁的老人和 100 多岁的老人，其社会性质还是有区别的。近来，百岁老人的增加成了一个热议的话题。日本的人均寿命在过去 60 年间大幅延长，比起"老龄化"，似乎"长寿化"一词更适合用来形容日本。根据厚生劳动省的统计，2021 年，预计能活到 90 岁的日本人比例，女性为 52.0%，男性为 27.5%——可以说，人生百年时代即将到来 ❶。

---

❶ 日本厚生劳动省：《2021 年简易生命表》。

其次是科技的进步。时下,以人工智能、大数据、物联网为代表的第四次工业革命正在进行,这些新技术将会极大地改变现有的就业环境。根据英国牛津大学教授卡尔·弗瑞(Carl Frey)和迈克尔·奥斯本(Michael Osborne)的调查研究,预计在今后 10~20 年内,美国 47% 的劳动者目前从事的岗位将被自动化设备和机器所取代[1]。一份以日本为对象的研究报告表明,有 49% 的劳动者目前正在从事容易被机器取代的工作[2]。此外,世界经济论坛指出,到 2025 年,随着自动化和数字化的推进,全球一半的工作可能会交由机器人等机械设备来完成[3]。

第三个全球大趋势是为应对气候变暖而提出的绿色产业化。当今世界,为了减少温室气体排放、遏制全球

---

[1] Frey, Carl Benedikt, and Michael A. Osborne. 2017. "The Future of Employment: How Susceptible Are Jobs to Computerisation?" *Technological Forecasting and Social Change*, 114:254–280.

[2] 日本野村综合研究所(2015):《日本的电脑化与未来就业》。

[3] 世界经济论坛(2020):《未来就业报告 2020》。

第四章
摆脱"不成熟的资本主义"的方法

变暖,各国纷纷改变产业发展方向,大力推进脱碳减排行动。日本政府也已经宣布要于 2050 年实现温室气体净零排放的目标。

为了达成碳中和的目标,日本需要对以能源和汽车等产业结构为首的现有经济结构进行一番大改造。这种变革将给人们的行为方式、生活方式和劳动方式等带来巨大的影响。举个例子,电动汽车取代燃油汽车后,不再需要装配加工方式复杂的发动机等结构,预计零部件的数量将会精简一半,结果必然导致日本汽车零部件的大批生产工人下岗;与此同时,电动汽车的普及也可能会催生出新的职业,创造新的就业岗位。

最后是全球化。迄今为止,全球化在给各国经济带来巨大恩惠的同时,也显现出了许多弊端和局限性。新冠疫情和俄乌冲突引发了人们关于"去全球化"的讨论,也出现了一些反对全球化的意见,但全球化的根本趋势应该不会改变。

不过,越来越多的声音呼吁改变以往的全球化方向,有的国家实际也已经在这样做了。他们要放弃只追求效率的、片面的全球化，更加强调安全问题，考虑保护本国人民的利益。

● 全球趋势变化引发劳动模式转变

上述四种全球大趋势都不是单独对经济、社会产生影响的，而是一边相互作用，一边影响着我们的现在和未来。

以前，日本人的人生路线一般是：大学毕业后找一份工作，在同一家企业或集团公司干到退休，然后安度晚年。可以说，人生主要就是由教育、工作、养老这三个阶段组成的（图 4-4）。

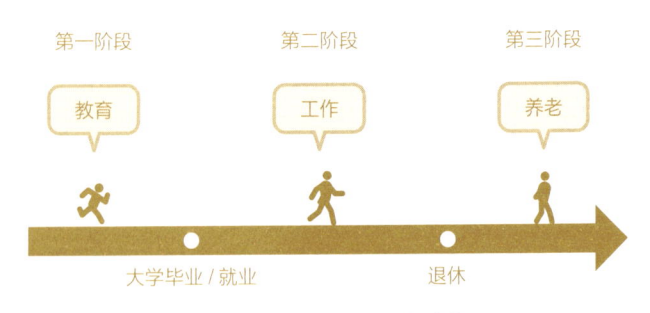

图 4-4 日本人的人生路线

第四章
摆脱"不成熟的资本主义"的方法

如今，尽管终身雇佣制正在土崩瓦解，但在临近退休的中老年这代人眼里，"一个厂，一辈子"是常识。对于下一代人，也就是今天的青壮年来说，这种观念依旧根深蒂固。

但是，在日益长寿化、人生百年时代即将到来的今天，由教育、工作、养老这三个阶段组成的人生路线行不通了。原因很简单：退休后的养老期太长了。假设一个人65岁退休，能够健健康康地活到90岁，那么退休后，他还有25年可活。在此期间，他没有工作收入，就算配合年轻时存的理财产品补贴家用，单靠养老金生存这么长时间也绝非易事。

根据日本总务省《家计调查报告（2021年）》，户主为65岁以上老人的家庭，其每月消费支出额约为24万日元。假设夫妻二人双双活到90岁，从开始发放退休金的65岁往后数25年，在此期间家庭所需的养老资金总额预计约为7200万日元。

照这样看来，生活在长寿化社会的人们，退休年龄很可能要继续延后才行。一生之中工作的时间变长后，自然会引发劳动环境变化。技术进步和绿色产业化带来的产业结构转型将使得新的职业诞生、旧的职业消亡，引领经济发展的先驱企业将会发生重大转变。

实际上，美国四大 IT 巨头——谷歌（Google）、亚马逊（Amazon）、元宇宙（Meta）和苹果（Apple），除苹果外，创立时间均在 20 世纪 90 年代以后，存在时间尚未满 30 年。过去的人们绝对无法想象四巨头加上微软公司的市值竟然会比日本东证一部❶所有上市公司加起来还要多。另外，随着科学技术的进步，以往只能由人来完成的工作，正在逐渐被机械设备和机器人取代。

回顾过去 30 年来人们的生活和社会、经济环境发生的变化，我们会很自然地意识到，今后的世界可能会由某些目前尚未出现的企业或行业主导，并对我们的生活和工作模式产生莫大的冲击。

在那样的环境下，个体必然难以再像以往一样，在

---

❶ 东京证券交易所是日本的证券交易所之一，简称"东证"，总部位于东京都中央区日本桥兜町，属于日本交易所集团。——译者注

一家企业或集团公司里度过自己的整个职业生涯。正相反，未来的人们，一生中很可能要换多份工作。

面对经济环境翻天覆地般的变化，个人要想根据自己的生活方式实现最佳职业规划，必须灵活地调整劳动模式和就业形式。然而，正如我们在第三章看到的，日本的劳动力市场过度僵化，关于"灵活的劳动模式是否可能实现"这个问题，很遗憾，答案是否定的。

● **打造成果报酬型劳动力市场**

那么，如何才能让劳动力市场流动起来，增强竞争力、提高生产效率呢？

首先，我们需要建立一套与劳动者的能力评价和劳动成果相匹配的工资体系。迄今为止，日本企业多是基于工龄和派系来决定是否给员工升职、加薪，对于劳动者具备怎样的能力和技能，以及取得了哪些成绩却并不看重。

其次，我们必须要建立一套设置了公平的评价标准和评价项目的绩效考评制度，获得劳动者的理解和认同，激发他们的工作热情。在国外，越来越多企业开始分业务或部门设定绩效目标，对劳动者进行客观评价。如果这种客观、透明的绩效评价最终会影响到升职和加薪的话，劳动者将会更加地忠于职守、爱岗敬业，对企业考评制度的信任感也会更强。从图4-5中可以看到，日本

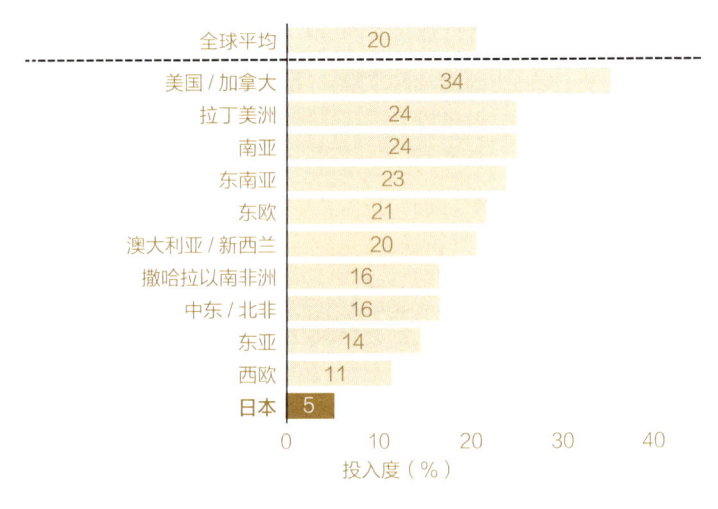

地区	投入度（%）
全球平均	20
美国/加拿大	34
拉丁美洲	24
南亚	24
东南亚	23
东欧	21
澳大利亚/新西兰	20
撒哈拉以南非洲	16
中东/北非	16
东亚	14
西欧	11
日本	5

图4-5 员工投入度的国际比较

资料来源：由日本经济产业省依据盖洛普❶ "State of the Global Workplace 2021" 数据制成。

---

❶ 盖洛普是一家以调查为基础的全球绩效管理咨询公司，于1935年由乔治·盖洛普所创立。——译者注

第四章
摆脱"不成熟的资本主义"的方法

企业员工的投入度在全球范围内是最低的。

最后,工资也不能再沿袭旧的年功序列制了,而应该制定与劳动成果相匹配的薪酬体系。不看年龄大小和工龄长短,只看实际绩效来决定工资多少,这样既可以提高劳动者的积极性,还能留住优秀的青年人才和精英,另外也有利于优化企业或组织的用人成本。

在成果主义的管理体制下,工资不与工作时长挂钩,而主要看是否取得了有效的成果,这样一来,自然就能提高生产效率。

实际研究指出,基于劳动成果的薪酬制度的确可以提高劳动者的生产效率。因著有《人事管理经济学》一书而享有盛名的美国斯坦福大学教授爱德华·拉齐尔在他的研究中,用美国的统计数据说明了基于劳动成果的薪酬制度可以增强劳动者的工作意愿,进而大幅度提升企业的生产效率[1]。德国劳动经济研究所的一份研究报告

---

[1] Lazear, Edward, P. 2000. "Performance Pay and Productivity." *American Economic Review*, 90(5):1346–1361.

也表明，基于劳动成果的薪酬制度具有提高生产率的效果，而该效果很大程度上受薪酬设计的影响[1]。

在日本企业普遍采用的年功序列工资制下，劳动者的生产效率与工资水平并不匹配。工龄越长，工资越高，但生产效率却不见得有相应的提高，因此企业自然不愿意雇佣老年人。这对老龄化程度不断加深的日本而言是个不容忽视的问题。

如果改用与劳动成果相匹配的工资体系，企业在雇佣劳动者时就不会那么在意其年龄。最终，各个年龄层的人口都能均等地获得劳动机会。现有的研究已经表明，同一个职场里，不同年龄、不同职业经历、不同技术水平的人相互协作，取长补短，可以很好地提高生产效率。此外，如果老年人这部分人力资源能够被利用起来，那么这不仅有助于维持并增强日本经济的活力，还可以抑制社会保障方面的支出，改善国家财政

---

[1] Lucifora, Claudio, and Federica Origo. 2022. "Performance-related pay and productivity." *IZA World of Labor*, 152.

问题。

用实际成果来衡量劳动价值，并支付相应的报酬，这样的工资制度一旦建立，将会有效推进居家办公等新型工作方式的普及。PERSOL 综合研究所开展的一项调查发现，居家办公时，许多劳动者都不放心公司对自己的职业评价，他们不确定上级是否会公平、公正地评价自己，以及是否会给自己分配有助于个人成长的工作[1]。建立一套能够对劳动内容和劳动质量进行公正评价的绩效考评制度，可以打消劳动者的这种担忧，并顺利推进线上办公业务的普及。

上文中提到过，在成果主义的管理体制下，工资不与工作时长挂钩，这一点至关重要。根据日本现行的劳动标准法之规定，劳动者所获得的劳动报酬基本上都是取决于其劳动时长。我们知道，像制造业这样的产业，生产总量与生产线的运作时长成正比，因此适合用劳动

---

[1] PERSOL 综合研究所：《关于疫情政策对开展远程办公之影响的第三次紧急调查》，2020 年 6 月。

低薪困境

时长来衡量劳动成果。但非制造业的情况就不同了。举个简单的例子，就拿棒球运动来说吧，一名职业棒球选手在球场上待的时间长并不意味着他的命中率和防守能力会相应地提高。

在日本当年那个经济高速增长的时代，制造业的市场份额大，基于劳动时长的工资制度的确可以激发劳动者的积极性，促进生产。但是现在，非制造业的市场份额已经占到了八成，基于劳动时长的工资制度对劳动者的工作意愿和劳动生产率的提升作用可谓大不如前。

从全球范围来看，基于劳动时长支付薪酬的现象也不算普遍，比如美国推行的"白领免时限"制度就取消了针对白领员工的劳动时长规定，采用年薪制，根据员工的劳动成果向其发放工资，使其收入不受劳动时长的影响。在经济全球化不断加深的今天，能否留住优秀人才，关系到日本企业对外国企业的竞争力大小。须知，其他国家已经在紧锣密鼓地从法律和制度层面落实基于劳动成果的薪酬体系了。

适才适所，是为正道

为营造良好的就业环境，让优秀的青年人、女性、老年人及外籍劳动力都能快速找到工作，我们迫切需要对现有的人才录用和人力资源配置方式进行一番大的改革，实现真正的"适才适所"。为此，除了推行成果主义，我们还必须完善劳动力市场的供求匹配功能。

要想构建灵活的劳动力市场、完善其供求匹配功能以应对多样化的劳动力和就业形态，我们必须掌握足够丰富的就业资讯，比如什么地方有什么样的劳动力供应、什么地方有什么样的岗位需求等；同时，还得创造更多的用人机会。

这方面，职业流动较强的美国非常值得我们参考。

日美两国招聘和求职的方式可谓截然不同。先说招聘，日本的大多数企业会在每年 4 月开展集中招聘活动，也就是所谓的"新生统一录用"，这已经成为一贯的做法了。美国则普遍采用全年招聘形式，企业但凡出现了岗位空缺，马上招人入职，填补席位，而且，还会分部门和职务进行招录。招录范围也并不局限于美国国内，而是面向全球，网罗天下英才，所以面试环节往往也会在线上进行。

再来说求职。由于日本企业招聘主要采用新生统一录用形式，所以每年一到特定时期，各企业就会走进各所大学召开联合宣讲会。届时，校园里到处都是身着求职套装、西装革履的青年学子。大洋彼岸的美国是没有"新生统一录用"这个东西的。美国的在校大学生会在毕业前后找一家企业实习，然后基于这份实习经验，去开展求职活动。没有相关职业或行业实习经验的"新手"，企业一般不会考虑录用。

在求职过程中，"专业对口"也十分重要。日本的职场上，文学或法学专业出身搞金融的比比皆是，美国却鲜有这样的例子。在美国，进入金融机构上班的人，必须是取得经济学或金融学学位的。换言之，美国学生在选专业的时候就得想好自己将来希望从事什么工作。

在日本，大学生刚毕业进入公司后，通常先要接受新人教育培训，在上级和前辈的指导下，通过学习和实践掌握工作内容，最终成长为能够独当一面的人才。美国企业不是这样，他们对刚刚毕业的大学生也要求具备快速进入实战状态的能力。因此，学生们必须通过实习或在校期间的学习来获取企业所要求的技能和知识储备。

还有很重要的一点就是美国会提供各类配套服务帮助劳动者开展求职活动。在美国，有很多专业机构会提供全方位的就业指导付费服务，从制作简历，到辅导面试，再到职业规划，应有尽有。"不知道自己想从事什么工作，也不知道自己适合哪些工种"这样的人不在少数。日本有必要学习美国，投放足够多的职业咨询领域人才，把劳动力市场的"基础设施建设"搞好，为广大求职者顺利就业铺平道路。

接下来这一点，日本人可能没怎么听说过，那就是"背景调查"。在美国的招聘流程中，有一个项目叫Reference，意为"背景调查"。应聘者向企业提交简历之际，需要同时提交一份所谓的担保人名单。企业会委托背景调查公司通过这份名单详细了解求职者的个人经历、人品及过去的工作表现等情况。

低薪困境

还有一个很重要的概念就是"招聘专员"。在日本，提到招聘专员，大多指的是企业派一两个年轻代表到大学的职业研讨会或社团里去做宣讲活动，向学生们介绍公司的经营内容和企业文化，并回答学生提问。相比之下，美国的招聘专员承担的可谓是"一条龙服务"，不仅负责实习生、应届生和其他求职者的招录，还需要帮助入职人员尽快适应岗位、融入职场，甚至连晋升和职务调动的人选也由他们来物色。在美国，不少劳动者即使对当前的职场非常满意，平常也还是会跟其他公司的招聘专员保持密切交流，时不时地做做"跳槽演练"。

最后，对新员工的"入职培训"也十分重要。为了让新入职的员工能够早日独当一面，在职场上站稳脚跟，企业需要给他们培训业务知识和技能，帮助他们尽快融入团队。日本也开始表现出了对"入职培训"的重视。相信今后，它的重要性会越来越突出。

综上所述，美国劳动者的职业流动之所以如此活跃，是因为劳动力市场上的就业资讯丰富，以及企业提供的用人机会充足。要想构建高质量的劳动力市场，日本必须进一步强化信息交流机制，扩增用人机会。为此，我们迫切需要改革现有制度规范，让广大劳动者能够更方便地享受到民间的职业介绍服务。

● 全世界最"不学无术"的日本

全球大趋势变化极大地影响了我们的经济和社会，这对当下的劳动者提出了新的要求。

过去，劳动者提升个人能力往往有赖于企业为其提供相关的教育和培训。第二次世界大战后的经济高速增长期，各企业开展内部培训，提高劳动者的生产效率，有效促进了经济增长。然而，随着泡沫经济破灭，日本的这种人力资源投资模式也土崩瓦解，正迫切需要引进新的投资战略。但遗憾的是，我们目前还没有建立起这样的人才培养机制。

劳动力市场流动起来后，企业为了不断吸纳优秀人才，需要改善待遇，提高薪资水平。这意味着劳动力市场的流动化有利于优秀人才获得更好的劳动条件。过去掌握在企业手里的谈判权和决定权，如今转移到劳动者手上了。

不过，要想受此恩惠，个体必须磨炼自身技能，提升个人能力，这样才能自由选择条件更好的职场。另外，在这个长寿化的社会，我们要做好"活到老，干到老"的准备。因此，为了应对未来就业环境的变化，个体必须不断地打磨自己。

然而可惜的是，鲜有日本人会在工作之余主动地充电学习，谋求自我成长。图 4-6 展示了 PERSOL 综合研究所面向包括日本在内的亚太地区 14 个国家（地区）实施的一项调查的结果。关于业余时间的充电学习情况，日本有 46.3% 的受访者表示"基本没做过"，这一比例在所有调查对象国家（地区）中是最高的。而且，这个数字还是排名第二的新西兰的两倍以上，可见日本人对于自我提升简直懈怠到了极点。

往后，面对多样化的职业选择，我们每个人都要结合自身的性格偏好，搞清楚自己真正想要做什么，找到自己的兴趣所在，规划好职业生涯。所以，每个劳动者所需要接受的培训和教育都不尽相同。

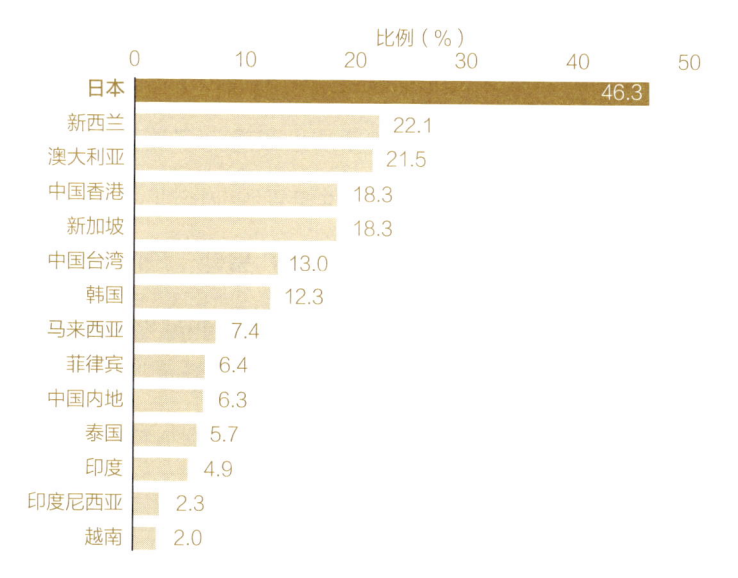

国家/地区	比例（%）
日本	46.3
新西兰	22.1
澳大利亚	21.5
中国香港	18.3
新加坡	18.3
中国台湾	13.0
韩国	12.3
马来西亚	7.4
菲律宾	6.4
中国内地	6.3
泰国	5.7
印度	4.9
印度尼西亚	2.3
越南	2.0

图 4-6　各个国家（地区）业余时间没有充电学习和自我提升习惯的人员比例

资料来源：PERSOL 综合研究所的《APAC 就业情况、成长意识调查（2019 年）》。

为此，我认为政府应当考虑为劳动者提供支持，促进他们对自我提升的投资，比如引进"自我提升税收优惠制度"，对于主动开展自我教育培训投资的个人，规定这部分投资经费可以用于个人所得税加计扣除。

除此之外，政府还应该推动人们对高需求技能的投资。特别是对于那些还不具备足够条件受惠于技术进步的劳动者，更有必要为其提供学习机会。事实上，有的国家已经在这么做了，比如新加坡政府为了让劳动者在其职业生涯的任何阶段都有条件接受职业培训，会给 25 岁以上的劳动人口发放教育补助金；另外，法国也在面向国内所有劳动者发放涉及各领域的职业培训补助金。最后，促进技能重塑和回流教育发展也很重要。

● "制度设计"要一碗水端平

要想加强劳动力市场的流动性，我们必须废除不利于劳动力流动的政策和制度，让市场机制充分发挥其作用。

多数日本企业的用人惯例是基于长期雇佣这个前提建立的，从设计之初，就带有固化雇佣关系、不利于职业流动的属性。给这种用人惯例提供生存土壤的是日本的税收制度和公共政策。企业用人惯例与国家政策制度之间形成了一种互补的关系，只要国家的政策制度发生变化，企业的用人惯例必然也会随之改变。因此，我认为政府应该对现有的税收和社会保障制度进行改革，采取中立态度，不要继续助长长期雇佣的风气。

日本目前的养老金制度及个税优惠政策明显是向工龄长的就业群体倾斜，对转职人员非常不利。一般来说，退休养老金的金额会随工作年限的增加像滚雪球一样越滚越大。比如，工龄30年的人，退休后拿到的养老金是工龄10年的人的3倍以上。根据2019年日本经济团体联合会发布的《关于退休养老金的实际情况调查结果》，具有大学学历的人员在同一家企业连续工作10年和30年，退休金分别约为308万日元和1630万日元，后者是前者的5倍以上。这一切都得益于退休公积金的所得扣除税收政策。

关于退休金收入的征税方式，日本会根据工作年限计算退休所得扣除金额，从退休金收入中减去扣除金额后，再将余下部分除以二，得到最终的征税所得，最后对这部分所得收入实行分离征税❶。退休金所得扣除规定：工龄在 20 年以下的，每工作 1 年可扣除 40 万日元；工龄在 20 年以上的，每工作 1 年可扣除 70 万日元。也就是说，工作年限越久，扣除数额越大，这一点非常契合日本企业的薪酬支付惯例。

然而，这样的退休金税收优惠政策明显优待工龄长的就业群体，对转职人员却是非常不利。因此，我认为应该对现有的养老金制度进行改革，敦促企业重新制定福利待遇制度，不要过度偏袒工龄长的老员工。

另外，值得一提的是，新冠疫情期间，政府的雇佣调整补助金政策虽然在一定程度上起到了控制失业率的作用。但不可否认的是，它也延缓了企业迫在眉睫的事业结构改革。根据东京商工调查所发布的《全国企业破产情况》报告，日本破产企业数量从 2019 年的 8383 家，下降到了 2020 年的 7773 家，比疫情前还要少一

---

❶ 分离征税是指将土地、不动产转让所得，股份转让所得，分红所得，退休所得与其他收入分离，根据各自种类的特殊税率计算税额。——译者注

些。对企业的过度援助将会迟滞市场的新陈代谢，阻碍经济增长。当下，我们迫切需要转换就业政策方针，为提高劳动力的流动性注入活力。

● 明确解雇准则

除了税收方面的改革，政府还有必要重新修订用人条例，帮助企业降低劳动力调整成本，实现雇员制度弹性化。在现行的政策制度下，企业主解雇劳动者会受到诸多限制，比如辞退员工时要向其支付离职补偿金，办理一系列解职手续等。

"解雇限制"通过抑制企业的解雇行为，可以有效缓解就业者对雇佣关系不稳定的担忧，给广大劳动者提供一份安全保障。但是，过度严格的解雇限制会导致企业在招录人才时抱有顾虑，阻碍就业。

实际上，有大量实证研究表明，收紧解雇限制会把"雇佣"和"解雇"这一进一出两个水龙头都给拧紧，很容易把劳动力市场这口池子变成一潭死水。此外，还有观点指出，就业保护力度过强，会打击风险创业的积极性，有损于企业家精神的实践❶。

那么，从全球范围来看，日本的解雇限制算严格吗？经合组织每年都会发表《就业保护指标》报告，将各国关于解雇的限制和市场用人惯例的严格程度进行数值化。报告显示，日本对劳动者的就业保护程度并不高。但是，日本有所谓的"整理解雇四要素"，从事实上严格限制了企业的解雇行为。

虽然日本法律原则上支持"解雇自由"，但如果企业出于经营不善等原因要主动解雇员工时，要满足以下四个条件：能从企业经营的角度解释裁员是不得已而为之；努力尝试过各种手段规避解雇，包括但不限于征集自愿辞职、调职、换岗人员等；依据合理的标准选定解雇对象，并且保证公平执行；解雇手续合法合规。以上四个条件，但凡有一项不满足，都会被视为企业滥用解雇权，

---

❶ OECE. 2020. OECD Employment Outlook 2020: Worker Security and the COVID-19 Crisis, OECD Publishing, Paris, https://doi.org/10.1787/1686c758-en.

第四章 摆脱"不成熟的资本主义"的方法

不予许可。

企业因一时经营不善而被迫选择裁员后,考虑到未来的发展,当然还是希望在情况好转时招进新员工的。但是,一旦招录新人,上述第二个条件就不成立了。像这样,由于有整理解雇四要素压在头上,即便日本经济处在长期停滞之中,各企业也不敢轻易录用新人。

如果一经雇佣便不能轻易解雇,那么在未来发展前景不明朗之际,企业就会谨慎考虑录用新人,导致用人规模缩小。当因经营状况严峻而不得不解雇员工时,企业应该提前告知员工,并在正式解雇时发放离职补助金;政府也应该考虑出台措施,帮助企业向遭解聘员工提供就业支持,另外还应当落实对其的物质保障。严格限制企业主动解雇员工,不仅会阻滞劳动力市场的流动,还会促使企业主用阴险的手段逼迫员工"自愿辞职",这样的例子并不少见。

所以,政府应该要放宽解雇限制,好让有热情、有能力的青年人有更多机会在职场上发光发热。须知,雇佣关系的固化会缩小整体就业规模,最终吃亏的还是广大劳动群体。

● 改革公务员人事制度

日本式用人惯例并非民间企业的独有特色,政府部门同样普及得很广。因此,要想改革日本的用人惯例,公务员的人事制度改革也势在必行。政府部门应当率先垂范,带头扛起改革的大旗。

现如今,日本的公务员岗位已不再是"香饽饽"了。

有"职业官僚"之称的国家公务员综合职位,近年来报考人数呈减少趋势。2022年度的国家公务员综合岗位春季考试报考人数6年来首次回升,但依然还是处于倒数第二的水平,与10年前相比少了三分之一(图4-7)。

此外,年轻公务员的离职率也在逐渐升高。据日本人事院统计,2020年,在职不满10年的综合岗位离职者数量为109人,比2013年的76人增加了大约四成。

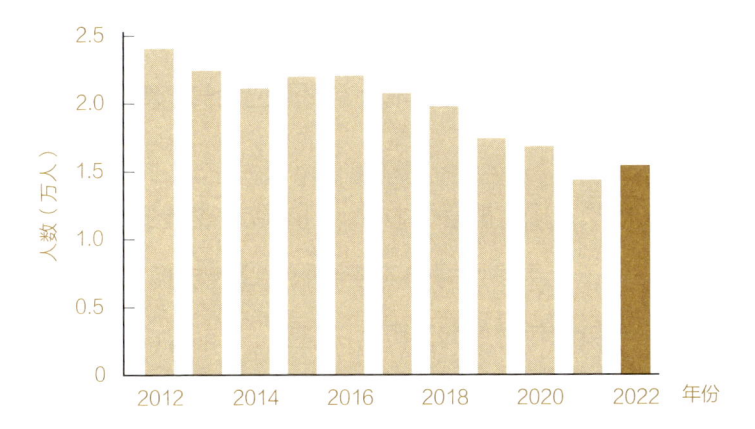

第四章
摆脱"不成熟的资本主义"的方法

图 4-7　2012—2022 年日本国家公务员综合岗位的报考人数变化

资料来源：日本人事院❶。

人们不再追求考公务员，最直接的原因是——公务员的工作时间太长。2019 年，日本国家公务员的年间加班总时长为 348 小时，相当于民间企业 127 小时的 2.7 倍❷。更有报告指出，20 多岁的公务员里面，有三成每月加班时间逾 80 小时，超过了"过劳死"线。长久以来，年轻公务员如此长时间地工作主要都是为了应对

---

❶ 日本国家公务员的最高人事机关。——译者注
❷ 日本厚生劳动省的《过劳死等预防对策白皮书（2021）》。

国会质询，完成情报搜集、整理工作。另外，年功序列制的组织运营模式也是造成公务员岗位人气下降的原因之一。

公务员是国家的骨干力量。日本应该改善公务员的职场环境，让更多优秀的人才供职于政府机构。为此，我们必须废除年功序列工资制，建立"按能分配"的薪资体系；对于工作能力强的公务员，要保证他的工资收入不比在民间企业差。另外，还应该考虑改善人才录用机制，促进对有基层工作经验人员的录用；对于一部分特殊岗位，还可以引进公开招募制度。公务员长时间工作的"元凶"就在于应对国会质询上，这一点也必须想办法解决。

● 在全球劳动者眼中，日本并不是理想的就业国度

与加强劳动力市场流动性同等重要的，是有效利用好外籍劳动力资源。随着经济全球化的推进，以及少子老龄化带来劳动力减少的问题，除了处理好女性和老年

人的就业问题，如何对待外籍劳动力也是我们需要面对的一个课题。

日本没有移民法，外籍劳动者入境日本时，不会向其发放永久居住许可。迄今为止，日本允许拥有专业技能的外国人才以短期滞留的形式在日本国内居住。对于外籍劳动者，政府一直采取谨慎态度，不肯对他们敞开大门。不过，2019年的时候，政府开设了一项新的在留资格——"特定技能"，此举事实上是对接纳外籍劳动力的一次重大政策转向。

图4-8展示了外籍劳动者人数的历史推移。2020—2021年，受新冠疫情影响，外籍劳动者数量几乎没什么增长。2019年，外籍劳动者的增长率为13.6%，处于较高水平，随后大幅下降，2020年只有4.0%，2021年更是仅有0.2%。不过，单从数量上来看，近10年外籍劳动者的人数扩充到3倍多，整体保持增长态势。如今，外籍劳动者占总劳动人口的比例约为2.5%，相当于每40个劳动者中就有一个是外国人。

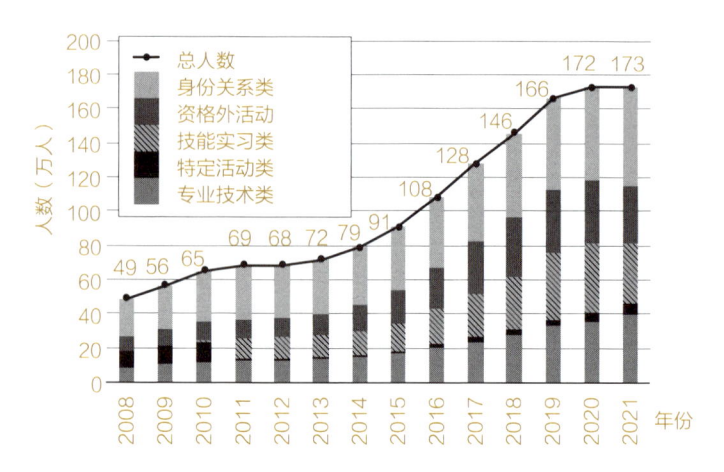

图4-8　2008—2021年日本不同在留资格的外籍劳动者的人数变化

资料来源：日本厚生劳动省。

面对不断加剧的少子老龄化问题，引进外籍人才不失为一条解决之道，但目前外籍劳动力的就业环境仍存在诸多问题。许多外籍技能实习生和留学生被不法企业压榨，当成廉价劳动力，被迫在恶劣的工作环境中从事劳动作业。根据日本厚生劳动省的调查，招收外籍实习生的企业中，有近七成存在超时加班、薪资过低、拖欠工资等违反劳动法规的情况。我们需要努力保障外籍人才的就业环境，改善其生活条件。除此之外，建立一个没有偏见、没有歧视的就业体制，接纳来自五湖四海不同文化、不同思想的人们，也是必不可少的。

在拥有抢手技能的高端人才眼中，如今的日本并没有多少吸引力。根据瑞士国际管理发展学院发布的"2021年度海外高端人才魅力指数"排名，在全球64个国家（地区）中，日本处于第49位，属于是海外高端人才比较"看不上眼"的国家。另外，在经合组织2019年5月发布的"人才吸引力指标"35国排行榜中，日本对高学历人才的吸引力程度仅居于第25位。

过去，日本已经享尽了外籍廉价劳动力所带来的红利。现在，这样的时代要结束了。在今后的知识社会，我们必须要认识到优秀高端人才的重要性，打造有吸引力的就业环境，努力吸纳海外人才到日本来；同时，让所有日本人都能喜闻乐见地欢迎他们融入我们的社会。

低薪困境

● 如何遏止日本经济衰退？

今天的日本，真正要做的只有一件事，那就是踏踏实实推动各企业提高生产总值；同时，要让劳动力市场彻底流动起来，构建成果型薪酬体系，使市场机制发挥出它原本的作用。一旦劳动力市场"活"起来，日本就能有效实现适才适所、量才录用，让有用的人才自动地从生产力低的企业流向生产力高的企业。这样一来，整个经济的生产效率都会得到大幅度提高，进而促进经济增长。如果劳动者可以根据经济环境的变化灵活选择适合自己的就业模式的话，那么这将有助于他实现最佳人生职业规划。另外，在"按能分配"的薪酬制度下，年龄、性别将不再成为影响就业的因素，任何个体都能均等地获得工作机会。

劳动力市场改革是扭转日本经济颓势的一大关键，这一点毋庸置疑。不过，要想真正地让日本经济重新振作起来，仅靠改革劳动力市场还不够。在解决了劳动力市场的问题之后，我们还要消除掉阻碍自由竞争的诸多限制因素，让市场"真刀真枪"地竞争起来。

此外，为进一步促进经济增长，日本还有必要大力发展新型产业。举例来说，日本虽然是目前全球最大的老龄化国家，但在不远的将来，越来越多其他国家也将先后迈入老龄化社会。届时，老龄化将不再只是一个负面问题，它还能带来许多商业机会。今后，为促进老年人继续就业，很重要的一点就是要利用好新型技术。如果我们能成功开发出辅助老年人就业的各类高科技机器人或人工智能软件，未来就可以把这类技术输出到其他面临老龄化困扰的国家，甚至可能因此造就一大支柱产业。当然了，除了这些，还有很多有望振兴日本经济的其他领域。

最后，我想就"社会农业"和"教育"这两个我长期关注的课题论述一下自己的意见。

日本经济复兴的希望——①社会农业

重振日本经济离不开地方经济复苏，恢复地方的活力又有赖于农林水产业的发展。农林水产业不仅是日本的一个支柱产业，还肩负着维系地方存续、保护国土安

低薪困境

全的重大社会责任。

这里，我想着重讲一讲农业方面的情况。

当今世界，许多国家已经开始利用人工智能、机器人和大数据等先进科技来发展农业，提高农业活动生产效率。相比之下，日本对这类新技术的使用率却并不高。

此外，人口减少导致国内市场不断缩小，老龄化又使得农业生产者逐年递减。可以说，日本农业的根基已经危如累卵。

日本农业基础从业人员的数量，2021年是130.2万人，相比于2000年的240万人，20余年间减少了约110万人之多。另外，受人口老龄化影响，农业基础从业人员的平均年龄，2021年是67.9岁，比2000年的62.2岁提高了5岁左右。如今，65岁以上老年人占农业从业人员总数的比例约达七成。再来看农地面积，2000年是483万公顷，到2021年，已经减少至439.9万公顷。

把日本的农业与其他发达国家做个比较，你会发现一个耐人寻味的事实，那就是日本每户农民所拥有的土地面积比他国小得多。

一个农民家庭（农业经营主体）的平均经营耕地面积，美国是 179.7 公顷，英国是 90.1 公顷，德国是 60.5 公顷，法国是 60.9 公顷。相比之下，日本只有少得可怜的 3.05 公顷。可见，尽管日本的农业从业人员有所减少，但相对于耕地来说，农业人口还是太多了。

那么，为什么日本农民的平均耕地面积这么少呢？这得从第二次世界大战后的土地改革说起。当年土地改革一锄头下去，地主家里的大片农田都被划分给了众多小佃农。彼时，吃农业这碗饭的人口撑起了总就业数的"半边天"。这在客观上有效地利用了有限的耕地，具有那个时代的合理性。但此后，农业生产环境发生了巨大的变化，而人地结构却一成不变，这使得农业的生产效率陷入了停滞状态。

因此，我们必须增加平均耕地面积，提高农业的生产效率。通过扩大农业生产规模，不仅能使农业机械化得以有效推进，还可以推动农用无人机和自走式拖拉机等新技术的广泛运用，为生产力发展注入新的动力。

> 低薪困境

为此,日本要保证企业的农地持有。目前,企业的农地持有政策存在诸多限制,各地对农地合理持有法人的投资比例,除一部分国家战略特区外,都被限制在了50%以下。对此,我认为政府应该放宽政策,全面认可企业持有农地,让农业技术好、资金实力强、管理水平高的经营主体充分发挥其优势。

时代在向前,过去的农业生产模式(从农作物种植,到收获,再到销售)也应该有所创新,将以往的农业与观光、教育、自然能源等领域结合起来,创造出新的价值。这就是我所提倡的"社会农业"。今后,社会农业有望成为助力日本经济增长和地方振兴的一张王牌。

将农业与观光相结合的"观光农业"是社会农业的一种具体形态。人们可以走进农村,体验农作物的种植和加工,享受农家乐。在欧洲,越来越多的人选择在节假日去农场或农村住上几天,参观农业生产,感受干农活的乐趣。当下,消费者的消费趋向正在从"物质型"转变为"体验型"。因此,主打"体验感"的观光农业作为地方特色观光项目,热度正越来越高。

第四章
摆脱"不成熟的资本主义"的方法

可以与农业结合的并不只有观光领域,把农业跟教育和自然能源结合起来的发展潜力也是不可小觑的。举例来说,我们可以举办一些 SDGs❶ 讲座,通过体验农作物收获等农业生产环节,向全民推广普及食品教育。另外,在农业生产过程中利用自然能源进行发电的"农电"等创新项目也大有可为。

日本国内的食品行业市场规模虽然因人口减少在不断缩小,但人们对于独特的、高价值商品的需求缺口依然很大。在国外,经济增长扩大了市场规模,也催生出了大量的高收入群体。这部分市场需求将会非常可观。如果日本农业能把目标客户拓展到商机无限的海外去,那将对本国农业发展起到非常大的促进作用。通过推广社会农业,拓展日本农业的海外市场,可以使农业的魅力深入人心,吸引更多年轻人投入到农业建设中来,让产业基础重新焕发生命力。

---

❶ SDGs 即可持续发展目标,是为建设可持续发展社会,解决贫困、饥饿、环境破坏等全球性问题而提出的国际目标。

低薪困境

实际上,有的地区已经在积极推广社会农业了。比如,冲绳县正在开发具有当地特色的观光项目,在种植、销售咖啡豆的同时,围绕咖啡豆的农业生产过程体验,以多种形式让游客感受冲绳丰富多彩的自然和文化。受气候变暖影响,冲绳县的自然环境变得非常适合咖啡豆种植。冲绳县通过种下一颗咖啡豆的种子,让人们感受地球环境的变化;借由观光农业的形式,用满载着自然馈赠的特色产品,推动当地经济走向振兴。

日本经济复兴的希望——②教育大改革

"山以树茂,国以人兴。"这句话出自江户时代长州藩武士吉田松阴。他为后来的明治维新培养了大批革命栋梁之材,开创了新日本的黎明。正如这句话所说的,国家成立之根本在于人,培养能为日本乃至全世界的繁荣发展做出贡献的人才,可谓头等大事。发展教育事业,也是一国之最高战略。

历史清楚地告诉我们,日本能有今天的发展,"教育"二字功不可没:明治时代,日本开世界之先河,大力推广全民教育,因此才得以完成现代化;第二次世界

第四章
摆脱"不成熟的资本主义"的方法

大战后,"标准量产型"教育又帮助日本实现了经济高度成长。

今天,教育界迎来了翻天覆地的变化。当今世界,人工智能、物联网、大数据等先进技术颠覆了教育和学习的旧有模式,使其变得跟过去完全不一样了。经济全球化也改变了人们的学习观。人们从此不能一味地"两耳不闻窗外事",要有国际视野,关心全球动向,努力成为能与世界人才比肩而立的精英。

然而,今天的日本教育还停留在20世纪的工业社会时期。经济社会的变化日新月异,我们却还在固定的教学场所中、固定的年级制度下,用着黑板和粉笔、白纸和铅笔,以一成不变的进度学着一成不变的内容,统一接受着被动式的学习。正因为我们还保留着这种过时的教育模式,所以日本的教育质量相比于其他国家更为低劣,难以与全世界的优秀人才比肩。

如今,全世界的教育行业正在积极引进名为Edtech(教育科技)的数字化技术。

教育科技的一个典型代表就是"慕课"(MOOC),

低薪困境

这是一种任何人都能免费使用的在线教育课程。课程内容由美国哈佛大学、斯坦福大学等高等学府制作提供。如果学习者能够通过能力测验和课题作业，慕课还会向其颁发结业证书。截至 2021 年，全球共有 950 所大学加入了慕课平台，已有 2.2 亿人使用慕课学习。

作为教育科技的另一个典型代表，自适应学习同样备受瞩目。它可以根据每个学习者的能力和熟练度提供定制的学习教材和学习方法。以前的教育是，老师跟全班同学用着同样的教材，讲授着同样的内容。可是，同样一门学科，有的学生听一遍就记住了，有的学生却一个字也没听进去。不考虑每个人各自的熟练度，以统一的进度学习统一的内容——在这样的学习模式下，"学霸"很快会因无聊失去听课的兴趣，而"差生"即便有很多地方没听懂，也只能硬着头皮继续上课。如今，利用计算机和平板电脑等工具，使用自适应学习功能的教材，学生们可以根据各自的水平展开学习，上述问题自然也就迎刃而解了。

我相信教育科技的浪潮会彻底改变现有的教育模式。

像慕课这样的平台，只要有良好的网络环境，任何人都能免费获取世界顶级水平的课程。如此一来，教育机构为了不落人后，必然也要转型升级，为学习者提供更高质量的授课内容。

举个例子，可以让某一门课程讲得好的老师开设网络课程，讲授自己最拿手的那门课程。这样，每个学生都能聆听到这位优秀教师的教学。现场的老师跟同学们一起看视频，既帮助老师完善了讲义，也方便对不适应在线教学的学生进行实时指导，实现细致化教学。此外，在线教育解放了教学场所，学生在任何地方都能听课，家长也就不必担心移居或转学会给子女教育造成影响了。对于教师来说，各科都能采用数字化教学，还可以帮他们省下大量备课的时间。

全球发展趋势的变化，刷新了社会对新时代人才的要求，而国际化改变了人们的工作方式。如今，在你身边跟你共事的同僚不一定是本国人。为了不被人工智能和机器人取代，我们必须尽快掌握新的技能。当今社会需要的是拥有丰富想象力和有发现问题、思考问题、解决问题能力的，以及能进行团队合作的人才。

根据日本财团所做的一项以国家和社会为主题，以日本、美国、英国、中国、韩国、印度六国 17~19 岁青少年为对象的调查研究，相信国家将来会变好的日本青少年比例为 13.9%，相当于每 7 个人中只有 1 个，这个数字为六国最低。在"是否有远大的理想""是否希望为国家和社会做出贡献""是否相信自己可以改变国家和社会"等问题下，做出肯定回答的青少年比例，日本依然是六国中最低的（图 4-9）。

但其实，这样的调查结果并不代表这一代的日本年轻人变"差"了。试想，日本经济长期陷入停滞状态，工资水平极低，也不见上涨，人口却是全世界老龄化程度最高的，国家和地方的债务膨胀到相当于 GDP 的 2.5 倍……可以说，现在的年轻人对未来不抱希望，从某种程度上说是再正常不过的了。甚至，这反倒可以证明他们可以正视现实，是其思想成熟的表现。另外，对社会的主人翁意识不够强，恰好反映了"填鸭式教育"的失败，是它让现在的年轻人失去了创造力和判断力。

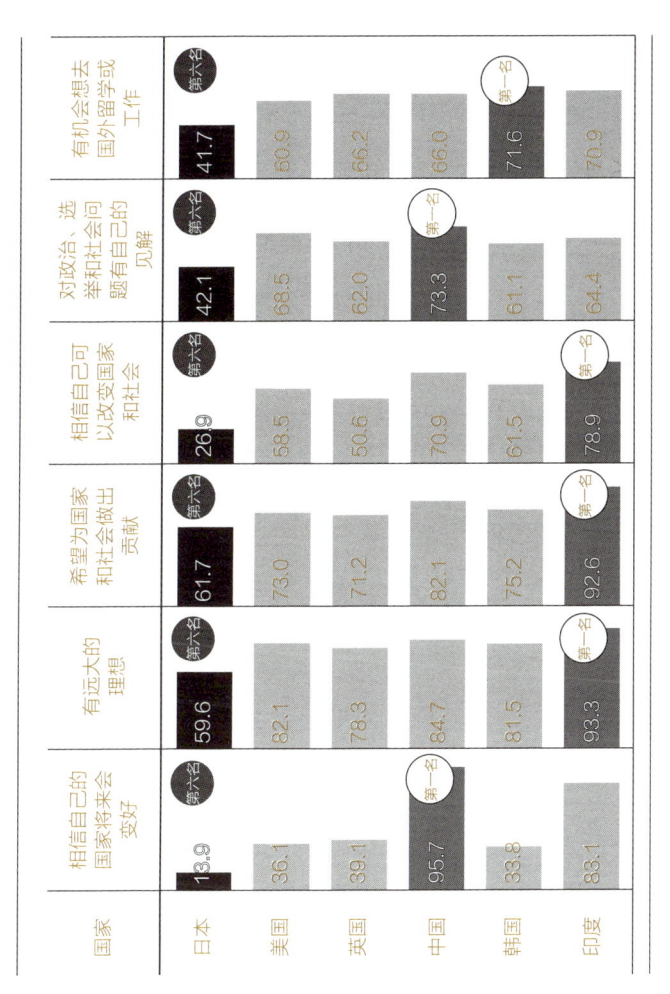

第四章
摆脱"不成熟的资本主义"的方法

图 4-9 年轻人的国家意识、社会意识调查

国家	相信自己的国家将来会变好	有远大的理想	希望为国家和社会做出贡献	相信自己可以改变国家和社会	对政治、选举和社会问题有自己的见解	有机会想去国外留学或工作
日本	13.9（第六名）	59.6（第六名）	61.7（第六名）	26.9（第六名）	42.1（第六名）	41.7（第六名）
美国	36.1	82.1	73.0	68.5	68.5	60.9
英国	39.1	78.3	71.2	50.6	62.0	66.2
中国	95.7（第一名）	84.7	82.1	70.9	73.3（第一名）	66.0
韩国	33.8	81.5	75.2	61.5	61.1	71.6（第一名）
印度	83.1	93.3（第一名）	92.6（第一名）	78.9（第一名）	64.4	70.9

资料来源：日本财团《18 岁意识调查：第 46 次国家意识、社会意识调查（六国调查）》2022 年。

低薪困境

日本眼下面临的问题前所未有的严峻。举例来说，日本的老龄化程度在全球范围内遥遥领先，我们所面临的老龄化问题是没有所谓标准解决方案的。

要想解决这样的难题，我们必须具备我先前所讲的（首先发现问题，其次思考问题，最后解决问题）的能力。这种能力，是没办法从以往的"知识优先"的教育中学到的。

值得一提的是，海外留学对于掌握国际化视野很有帮助。一个走出去亲身体验到世界多样性的人和一个留在家里一辈子做井底之蛙的人，人生迥然不同。留学可以使你跟各种各样不同文化背景的人们交流、碰撞，是培养广阔世界观的绝佳机会。

各项数据均显示日本人的短期留学人数虽然有所增加，但长期留学却呈减少趋势。可以举出的原因有：少子化、留学费用上升、留学与求职难以两全，以及现代年轻人的保守倾向等。前文提到的日本财团的调查结果也显示，有留学或赴他国就业意愿的年轻人比例，日本是六国中最低的。全球化社会，能够支撑这个国家最重要的宝贵资源，是那些具备跨国工作能力的人才，政府应该花大力气培养这样的国际性人才。

　　肩负着日本之未来的，是当代年轻人。我们要努力创造条件，让日本的年轻人相信未来会是光明的，让他们能够自由地施展抱负，发挥无限潜能。为此，我们必须提供平等的机会，让市场机制发挥它本来的作用，通过激活竞争来推动经济发展。我们需要做的很简单，就是从加速劳动力市场的流动性入手，要遏止日本经济长期以来的衰退，让它重新回到发展轨道上。

参考文献

日语文献

　　一般財団法人国際経済交流財団 進化型産業政策研究会（2022）『広義の経済安全保障を実現する進化型産業政策の必要性』2022年6月
　　伊藤隆敏（2013）『インフレ目標政策』日本経済新聞出版社
　　伊藤元重（2002）『マクロ経済学 第2版』日本評論社
　　伊藤元重（2014）『経済を見る3つの目』日本経済新聞出版社
　　岩田規久男（2012）『インフレとデフレ』講談社
　　経済産業省（2022）『未来人材ビジョン』令和4年5月
　　玄田有史編（2017）『人手不足なのになぜ賃金が上がらないのか』慶應義塾大学出版会
　　玄田有史／尾崎達哉（2019）「賃金上昇が抑制されるメカニズム」『日本銀行ワーキングペーパーシリーズ』No.19-J-6.
　　佐藤文男（2020）『自助の時代 生涯現役に向けたキャリア戦略』労務行政
　　島田晴雄（1994）『日本の雇用 21世紀への再設計』筑摩書房
　　島田晴雄（2012）『盛衰 日本経済再生の要件』東洋経済新報社
　　島田晴雄（2018）『日本経済 瀕死の病はこう治せ!』幻冬舎
　　島田晴雄／太田清（1997）『労働市場改革 管理の時代から選択の時代へ』東洋経済新報社
　　高橋徹（2022）「コロナ禍で深刻化 労働力不足を克服するには」『読売クオータリー』2022春号
　　竹中平蔵／南部靖之編（2010）『これから「働き方」はどうなるのか』PHP研究所
　　デービッド・アトキンソン（2018）『新・生産性立国論』東洋経済新

報社

永濱利廣(2022)『日本病 なぜ給料と物価は安いままなのか』講談社

中藤玲(2021)『安いニッポン「価格」が示す停滞』日本経済新聞出版社

野口悠紀雄(2022)『日本が先進国から脱落する日』プレジデント社

野口悠紀雄(2022)『円安が日本を滅ぼす 米韓台に学ぶ日本再生の道』中央公論新社

浜矩子/城繫幸/ 野口悠紀雄ほか(2021)『日本人の給料 平均年収は韓国以下の衝撃』宝島社

深尾京司/池内健太/滝澤美帆(2018)「質を調整した日米サービス産業の労働生産性水準比較」、日本生産性本部、生産性レポート Vol.6.

深尾京司/牧野達治(2021)「サービス産業における労働生産性上昇の源泉:JIPデータベースを用いた産業レベルの実証分析、1955 ― 2015年」、RIETIディスカッション・ペーパー 21-J-018.

深尾京司/牧野達治(2021)「賃金長期停滞の背景 製造業・公的部門の低迷響く」日本経済新聞 2021 年月 6 日朝刊

ポール・クルーグマン/トーマス・フリードマン/トーマス・セドラチェク他著、大野和基編(2019)『未完の資本主義 テクノロジーが変える経済の形と未来』PHP 研究所

宮本弘曉(2018)『労働経済学』新世社

宮本弘曉(2019)「人手不足で日本の賃金は上がるのか?」『統計』2019 年 12 月号、2-8.

宮本弘曉(2022)『101 のデータで読む日本の未来』PHP 研究所

向山敏彦(2022)「転職のマクロ経済学」『日本労働研究雑誌』NO.738、45-55.

森永康平(2022)『スタグフレーションの時代』宝島社

八代尚宏(2015)『日本的雇用慣行を打ち破れ 働き方改革の進め方』日本経済新聞出版社

八代尚宏(2009)『労働市場改革の経済学 正社員「保護主義」の終わり』東洋経済新報社

柳川範之(2013)『日本成長戦略 40 歳定年制 経済と雇用の心配がなくなる日』さくら舎

吉野直行(2012)『これから日本経済の真実を語ろう』東京書籍

渡辺努（2022）『物価とは何か』講談社
リンダ・グラットン / アンドリュー・スコット著、池村千秋訳（2016）『LIFE SHIFT 100 年時代の人生戦略』東洋経済新報社

英语文献

Asano, Hirokatsu, Takahiro Ito, and Daiji Kawaguchi. 2013. "Why Has the Fraction of Nonstandard Workers Increased? A Case Study of Japan." *Scottish Journal of Political Economy*, 60 (4): 360-389.

Berg, Andrew, Jonathan D. Ostry, Charalambos G. Tsangarides, and Yorbol Yakhshilikov. 2018. "Redistribution, inequality, and growth: new evidence." *Journal of Economic Growth*, 23: 259-305.

Cingano, Federico. 2014. "Trends in Income Inequality and Its Impact on Economic Growth." *OECD SEM Working Paper*, No. 163.

Fallick, Bruce, and Charles A. Fleischman. 2004. "Employer-to-employer flows in the U.S. labor market: the complete picture of gross worker flows." Finance and Economics Discussion Series 2004-34, Board of Governors of the Federal Reserve System (U.S.).

Fukao, Kyoji, Kim YoungGak, and Kwon Hyeog. 2021. "Sources of Growth and Stagnation in the Japanese Economy: An Analysis Based on Data for Listed Firms Spanning More Than Five Decades." *RIETI Discussion Paper Series*, #21-E- 094.

Miyamoto, Hiroaki. 2016. "Growth and Non-Regular Employment." *The B.E. Journal of Macroeconomics*, 16 (2): 523-554.

Westeliu, Niklas. 2018. "Understanding Wage Growth in Japan," in "Japan: Selected Issues." IMF Country Report 18/334.

Yagi, Tomoyuki, Kakuho Furukawa, and Jouchi Nakajima. 2022. "Productivity Trends in Japan — Reviewing Recent Facts and the Prospects for the Post-COVID-19 Era —." *Bank of Japan Working Paper Series*, No.22-E-10